绿色金融创新发展研究

潘 斯 著

H.P.H 哈尔滨出版社
HARBIN PUBLISHING HOUSE

图书在版编目（CIP）数据

绿色金融创新发展研究 / 潘斯著. -- 哈尔滨 ：哈尔滨出版社，2025. 3. -- ISBN 978-7-5484-8453-0

Ⅰ. F832

中国国家版本馆 CIP 数据核字第 2025HQ7898 号

书　　名：绿色金融创新发展研究
LÜSE JINRONG CHUANGXIN FAZHAN YANJIU

作　　者：潘　斯　著
责任编辑：李　欣
封面设计：赵庆旸

出版发行：哈尔滨出版社（Harbin Publishing House）
社　　址：哈尔滨市香坊区泰山路 82－9 号　　**邮编：**150090
经　　销：全国新华书店
印　　刷：北京鑫益晖印刷有限公司
网　　址：www. hrbcbs. com
E － mail：hrbcbs@yeah. net
编辑版权热线：（0451）87900271　87900272
销售热线：（0451）87900202　87900203

开　　本：787mm×1092mm　1/16　**印张：**10　**字数：**215 千字
版　　次：2025 年 3 月第 1 版
印　　次：2025 年 3 月第 1 次印刷
书　　号：ISBN 978-7-5484-8453-0
定　　价：48. 00 元

前　　言

金融是国民经济的“血脉”，其拥有庞大的产业基础、强大的资金供给、灵活的配置能力，在经济行为和资源利用、环境保护之间搭建了一座重要的桥梁。在保护生态安全、促进可持续发展已成为全球共识的背景下，绿色金融不仅是促进经济绿色转型、培育新增长点的源泉，也是金融业发展的重要方向。在环境保护和生态建设各个领域，处处可见金融的身影。我国是世界上较早提出“绿色发展”理念的国家之一。我国已成为全球生态文明建设的重要参与者、贡献者、引领者，未来还将继续致力于构建人类命运共同体，坚持环境友好，推动全球绿色发展，建设清洁美丽的世界，保护好人类赖以生存的地球家园。目前，我国正处于经济结构调整和发展方式转变的关键时期。构建绿色金融体系，增加绿色金融供给，是贯彻落实新发展理念和发挥金融服务对供给侧结构性改革作用的重要举措，是国家发展战略中的优先事项。

在顶层设计的指引下，我国的绿色金融市场迅速发展，具体表现为三点：一是绿色信贷规模持续增长，对环境效益贡献显著；二是绿色债券市场呈爆发式增长，未来发展前景光明；三是全国统一的碳金融市场即将启动。此外，绿色产业发展基金、绿色保险、绿色信托等也开始加速发展。总体来看，在绿色金融政策的刺激下，我国绿色金融的各种融资工具迅速发展，为国家实现绿色转型提供了强大的支撑，也为金融机构的自身发展开拓了新的投资领域。

本书从绿色金融概述入手，针对绿色金融的理论基础、绿色金融产品与服务创新进行了分析研究，并对绿色金融的风险管理与评估做了一定的介绍，还对绿色金融的市场化路径与商业模式、绿色金融的未来发展趋势与挑战做了研究。本书内容全面，形式新颖，对我国绿色金融涉及的理论与实践进行了系统的阐述，具有较强的系统性、科学性和实用性。

目　录

第一章　绿色金融概述

第一节　绿色金融的概述与内涵

一、绿色金融概述

伴随着可持续发展理念的日益深入，绿色金融已经悄然兴起，并且逐渐渗透到金融理论与实践中，改变了传统的金融活动，成为金融活动重要的组成部分。

（一）我国绿色金融的概况

我国经济的迅猛增长在全球范围内产生了深远影响，使其成为世界第二大经济体，并推动人均收入达到中等发达国家水平。然而，这种发展模式伴随着高资源消耗与环境退化，对生态平衡和人类福祉构成了严峻挑战。环境污染、资源枯竭以及由此引发的健康问题，不仅阻碍了经济的长期稳定增长，还严重影响了民众的生活质量。

认识到这些问题，我国政府将发展绿色经济作为重要战略，旨在促进经济活动与环境保护的和谐共生。绿色经济强调低碳、循环和可持续性，旨在减少对自然资源的依赖，同时降低污染排放，实现经济增长与生态环境保护的双赢。

绿色金融在这一转型过程中扮演着至关重要的角色。它通过为绿色项目提供融资、风险管理工具以及投资产品，引导资金流向环保和可持续发展领域。这包括支持可再生能源、清洁交通、绿色建筑以及节能减排技术等，以期在不损害未来代际利益的前提下推动经济增长。

为了实现这一目标，我国正在完善绿色金融体系，制定相关政策和标准，鼓励金融机构和社会资本参与绿色经济建设。此外，中国也在加强国际合作，通过分享经验、技术和资金，共同应对全球性的环境挑战，推动全球经济向更加绿色、公平和可持续的方向发展。

1. “绿色”的定义

“绿色”金融体系的核心在于确立一个清晰且被广泛接受的绿色定义，确保政策、规则、标准和激励措施能精准有效地促进绿色金融的发展。尽管绿色金融的概念在全球范围内获得了广泛关注，但至今仍缺乏一个统一的定义，这在一定程度上源于其多维度的内涵及其与其他相关概念（如可持续金融、气候金融等）之间的重叠。定义上的模糊性和范围的不确定性，已成为制约绿色金融进一步发展的关键障碍。

绿色金融的定义可以分为狭义和广义两种视角。狭义定义聚焦于识别和量化特定金融资产中的绿色成分，通常依据环境、社会和治理（Environmental，Social and Goverance，ESG）标准或事先界定的绿色产业和技术清单来衡量。这一定义强调的是对环境效益的直接贡献，以及对绿色领域的精准支持。

相比之下，广义定义则试图从宏观层面审视金融体系如何促进可持续性目标的实现，以及如何有效评估和管理环境风险。它更注重整个金融系统的结构优化，以及在宏观经济稳定前提下，高效配置资本以应对环境挑战。

发达国家与发展中国家在绿色金融定义上的差异，主要体现在对气候风险和传统环境问题的关注程度上。发达国家倾向于将气候变化视为核心议题，强调脱碳和清洁能源转型，而发展中国家则可能更关注节能、减排以及污染治理，反映其在工业化进程中面临的具体环境问题。

在全球层面达成一个适用于所有情境的绿色金融定义和标准面临诸多挑战，但至少在一个国家内部，建立明确的绿色金融标准是可行且必要的。这不仅有助于国内绿色金融市场的健康发展，也为将来跨区域乃至在全球范围内形成共识奠定了基础。随着国际合作的深化，逐步趋同的绿色金融定义和标准将有力推动全球绿色金融体系的成熟和完善。

2. 关于绿色金融的发展模式

发达国家与发展中国家在推进绿色金融方面采取的策略存在显著差异，前者倾向于依赖市场化机制，通过机构投资者的力量促使企业转向更环保的实践，而后者则更依赖于政府的管理和金融监管，以引导金融机构加大对可持续项目的投入。

在发达国家，大型机构投资者，如养老基金和保险公司，通过行使股东权利和采用排除性投资策略，对那些忽视可持续性原则的企业施加压力，从而间接推动了绿色金融的发展。这种基于市场力量的方法，旨在利用资本流动的自然倾向来促进环境友好型投资。

相反，发展中国家通常采取更为直接的政府干预措施，包括制定政策、提供补贴、设立专门的绿色金融机构，以及将环境风险纳入银行监管框架，以此来引导资金流向绿色项目。巴西、中国等新兴经济体在这方面进行了积极探索，其做法也逐渐获得国际社会的认可。

然而，单纯依赖任何一种模式都有局限性。市场化机制虽能激发创新、提高效率，但在短期内可能不足以克服固有的市场失灵，如信息不对称和外部性问题。因此，发达国家开始意识到，政府在引导市场向绿色转型中发挥着不可或缺的作用，尤其是在构建有利于绿色金融的政策和监管框架方面。

与此同时，发展中国家也逐渐认识到，过度的行政干预可能会抑制市场活力，导致资源配置低效。因此，政府应致力于营造一个既能激励私人部门参与，又能保证政策连贯性和透明度的环境，让市场力量在绿色金融发展中发挥主导作用。

政府在推动绿色金融发展方面扮演着至关重要的角色，通过一系列政策和措施，可以有效引导市场向更加可持续的方向转型。以下是政府可以采取的关键行动：

（1）定义和标准化：政府应明确界定“绿色”标准，包括制定详细的分类体系、评估指南和认证流程，为绿色金融活动提供清晰的指导和规范。

（2）财政激励：政府采购政策偏好绿色产品和服务，鼓励国有金融机构开发绿色金融产品，要求政策性银行在绿色信贷和保险中起到示范作用，以及在对外援助中强调绿色投资的重要性。

（3）金融政策支持：针对不同金融行业，政府应设计相应的激励政策，如对银行业的绿色信贷支持、对证券业的绿色债券市场支持及对保险业的环境风险管理要求。

（4）监管和约束：强化对上市公司和金融机构的环境风险披露要求，实施环境压力测试，提升市场参与者的绿色意识和风险管理能力。

（5）跨部门协作：建立跨部门协作机制，确保绿色金融政策在政府各部门间的一致性和协同性，促进信息共享和政策联动。

（6）基础设施建设：解决绿色投资的外部性问题，通过制度设计将环保项目的正面外部性和污染投资的负面外部性内化；同时培育第三方评估机构，提升绿色金融服务的专业化水平。

（7）地方政策引导：在地方政府绩效评估中增加环保指标权重，激励地方金融机构积极参与绿色金融项目，形成自下而上的推动力。

（8）人才培养与国际合作：加强绿色金融知识的普及教育，培养专业人才，特别是在环境风险评估和绿色金融产品创新方面的专业人才；同时积极与国际伙伴交流经验，引进先进理念和技术。

通过上述措施的综合应用，政府能够创建一个有利于绿色金融发展的生态系统，促进经济的绿色转型，同时确保金融稳定和经济增长的可持续性。

（二）绿色金融发展展望

绿色金融的兴起为金融行业的可持续发展注入了新的活力，它不仅拓宽了金融活动的边界，还促进了经济与环境的和谐共存。随着绿色金融理论研究的深入和实践经验的积累，其体系将日益完善，涵盖更广泛的金融工具和产品。未来，我们可以期待看到更多创新的绿色金融解决方案，如绿色债券、绿色基金、碳金融产品、绿色保险以及与气候风险相关的衍生品等，这些都将为投资者提供多样化的选择，同时也为企业和项目提供绿色转型所需的资金支持。

绿色金融的蓬勃发展还将推动金融市场的结构性变化，促使金融机构更加重视ESG因素，将其融入投资决策和风险管理过程。这将有助于提高资本配置效率，减少对环境有害的投资，促进资源向低碳、环保、可持续的经济活动倾斜。

1. 绿色金融体系将更加完善

我国的绿色金融体系虽然已经取得了一些进展，但仍需进一步发展以对接国际标准并满足国内绿色转型的需求。未来，我国金融体系将在几个关键领域继续完善，以推动绿色金融的深度发展：

第一，绿色金融信息收集与管理体系。建立专门的信息收集部门，负责编制全面的绿色金融数据库和管理系统，定期向决策层提供最新的绿色金融信息和发展趋势分析。这将帮助决策者及时了解绿色经济的动态，做出科学的绿色金融决策。同时，该信息系统还能促进金融业内不同部门之间的信息流通，对于涉及跨区域环境问题的金融决策尤为关键，有助于降低信息不对称带来的决策风险。

第二，专业性绿色金融机构的成立。借鉴国际经验，我国可以考虑设立专注于绿色金融的专业机构，如绿色银行，这些机构的任务是为环保产业和具有环保特性的项目提供融资服务。通过这样的专业机构，我们可以更有效地筹集和分配资金，支持绿色项目的实施，促进绿色经济的增长。

2. 绿色金融工具及金融产品将更加丰富

绿色金融的未来发展将极大依赖于绿色金融工具的创新和多样化，以及金融体系的持续优化。以下几点凸显了未来绿色金融领域的重要发展趋势：

第一，绿色产业基金的常规化。随着绿色金融理念的深入人心，绿色产业基金将从政策驱动型产品转变为市场常规的金融理财产品。这意味着绿色基金将吸引更多来自公众和私营部门的投资，为绿色项目和环保产业提供稳定和持续的资金来源。

第二，绿色债券成为长期筹资渠道。绿色债券作为一种创新的融资工具，可以弥补环保项目和绿色技术在资金上的缺口。金融机构通过发行绿色债券，能够筹集到长期稳定的资金，用于支持周期长、规模大、符合循环经济模式的环保型产业或生态工程。这不仅解决了绿色项目融资难的问题，也帮助金融机构优化了资产负债结构。

绿色金融的发展不仅是应对环境挑战的必要举措，也是金融业自身转型升级的内在需求。它代表了金融业向更加可持续和负责任的方向发展，同时为金融企业创新和探索新盈利模式创造了机会。在当前传统金融业务面临诸多限制和挑战的背景下，绿色金融提供了新的增长点，预示着未来金融行业的方向和趋势。

二、绿色金融的内涵

在国内，绿色金融即金融部门以可持续发展为指导原则，通过信贷、保险、证券、产业基金等多种金融工具，促进节能减排和经济与环境的协调发展。

以下几种定义反映了绿色金融的多维视角：

第一，环境金融被视为环境经济学的一部分，侧重于运用多元化金融工具保护环境和生物多样性。

第二，强调绿色理念在金融业日常活动中的体现，将环境保护作为基本政策，通过金融活动支持绿色产业，促进经济社会与生态的协调发展。

第三，金融部门在贷款政策、条件和种类上优先支持绿色环保产业，提供政策倾斜，引导社会资源流向绿色项目。

第四，坚持保护环境的基本国策，金融业务运作需体现可持续发展理念，促进环境资源保护和经济的协调发展。

总体而言，绿色金融旨在结合经济效益与社会效益，实现金融机构、企业、经济和自然环境的和谐发展。它通过金融资源的合理配置，支持绿色产业，实现资本回报最大化和环境风险最小化。

第二节　绿色金融的发展历程

随着全球环境问题的日益突出，绿色金融作为一种重要的金融创新模式逐渐兴起，并在过去几十年中取得了显著的发展。

一、起源阶段（20 世纪 60—80 年代）

绿色金融的起源可以回溯至 20 世纪中叶，全球环境问题逐渐浮出水面，引起广泛关注。1972 年，罗马俱乐部发布的《增长的极限》报告对可持续发展理念产生了深远影响，报告揭示了环境与资源的有限性对无限增长模式的挑战，促使社会各界开始反思工业化的环境代价。

环境经济学在此背景下应运而生，其主张通过产业、财政和金融等综合政策措施，将环境外部性内化，即要求污染者承担由其活动产生的环境成本，从而促进经济活动的环境可持续性。这一理论基础为绿色金融的出现奠定了基石。

在实践层面，1974 年，德国成立了 GLS Bank，这是一家专注于社会和生态领域的银行，被认为是绿色金融的早期实践之一。然而，在这一时期，主流金融体系对环境问题的认识和应对措施仍然相当有限。

进入 20 世纪 80 年代，随着环境意识的提升和可持续发展概念的普及，绿色金融开始逐步获得重视。金融机构开始探索如何将环境因素纳入其业务决策，通过提供绿色信贷、绿色债券等金融产品，支持环保项目和可持续发展的经济活动。这一时期，国际组织和各国政府也开始制定相关政策和标准，推动绿色金融体系的构建和发展。

自此以后，绿色金融经历了从边缘到主流的转变，成为全球金融体系中不可或缺的一部分，旨在通过金融手段促进环境的保护和经济的可持续发展。随着技术进步和全球合作的加深，绿色金融的工具和实践不断丰富，为应对气候变化和保护生态提供了强大的资金支持和创新解决方案。

二、发展阶段（20 世纪 90 年代—21 世纪初）

20 世纪 90 年代见证了绿色金融的加速发展，这一进程在 1992 年的联合国环境与发展会议上得到了重大推动。此次峰会不仅重新定义了可持续发展的概念，还强调了环境与经济发展的相互依存关系，为绿色金融的崛起提供了坚实的国际共识基础。各国政府开始制定更加严格的环境政策和标准，促使金融机构将环境保护和可持续性原则纳入其核心业务之中。

2007 年，全球金融危机的发生促使各界深刻反思传统金融模式的脆弱性和不可持续性，绿色金融作为替代方案受到了前所未有的关注。危机之后，人们愈发认识到金融体系需要与环境和社会目标相协调，以实现长期的稳定和繁荣。在这一时期，绿色金融的概念迅速传播，得到了政府、金融机构和公众的广泛支持和参与。

2009 年，联合国气候变化大会在哥本哈根召开，尽管最终达成的《哥本哈根议定书》不具有法律约束力，但它依然彰显了全球在应对气候变化和推动绿色金融发展方面的共同承诺。这次会议进一步推动了绿色金融在全球范围内的议程，强调了资金流动对减缓和适应气候变化的重要性。

自那以后，绿色金融持续演进，成为全球金融体系中不可或缺的一部分。国际组织、政府和私营部门共同努力，通过创新金融工具和政策框架，引导资本向低碳、环保和可持续的经济活动转移。绿色债券、绿色基金、绿色信贷和碳金融等产品和服务的推出，不仅为环保项目提供了必要的资金支持，还促进了绿色经济的增长和转型。随着全球对气候变化和环境退化的认知不断提高，绿色金融将继续扮演关键角色，推动全球经济向更加绿色和可持续的方向发展。

三、现阶段（2020 年至今）

近年来，绿色金融迎来了加速发展的新时代。各国政府积极响应，出台了一系列政策和法规，旨在促进金融机构加大对环保和可持续发展领域的投资，推动经济向低碳、绿色转型。与此同时，绿色金融产品和服务，如绿色债券、绿色信贷、绿色保险等的创新与完善，为市场提供了多样化选择，有力地支持了可持续发展目标的实现。

在国际舞台上，各大金融机构和跨国公司纷纷加入绿色金融的浪潮。联合国环境规划署发起的绿色金融倡议，以及国际金融公司推出的绿色债券系列，都是其中的杰出案例。跨国企业也越来越重视 ESG 表现，通过发布可持续发展报告，提升其在环境和社会责任方面的透明度和声誉。

展望未来，绿色金融的前景一片光明。随着全球气候变化形势的日趋严峻和可持续发展意识的提升，绿色金融将逐步成为金融行业的主流趋势。投资者对 ESG 因素的关注度将持续上升，对绿色金融产品和服务的需求将进一步扩大。科技的革新，尤其是区块链、人工智能和大数据的应用，将为绿色金融带来前所未有的机遇，同时也带来了数据安全和隐私保护方面的新挑战。

然而，绿色金融的发展之路并非坦途。标准化不一、信息不对称和市场发展不平衡等问题仍然困扰着行业。为了克服这些挑战，国际社会需要加强合作，推动绿色金融标准的统一，提升市场透明度，同时加大宣传力度，提高公众对绿色金融的认知和参与度。

四、我国绿色金融发展的宏观环境

（一）国际背景

随着全球化的加深和人类社会的持续发展，环境保护问题日益凸显，成为国际社会共同关注的重大议题。各国意识到，环境问题无国界，单个国家的努力往往难以应对全球性的环境挑战，因此，加强国际合作成为应对环境问题的关键途径。

我国在环境保护的国际合作方面发挥了积极作用。例如，与韩国就大气雾霾治理进行的共同研讨，以及与俄罗斯在能源合作领域的探讨，展现了中国在解决跨界环境问题上的开放态度和合作精神。此外，国际社会就多个环境议题展开了广泛对话，包括国际环境公约的履行、化学品管理、短寿命气候变化污染物的控制、环境技术的交流，以及“南南合作”框架下的环境合作，体现了全球在环境保护方面的集体努力。

从全球视角来看，环境保护和经济社会的可持续发展正朝着风险降低和收益扩大的双轨方向前进。一方面，各国致力于降低环境风险，如减少对化石燃料的依赖以降低能源风险，采取行动应对气候变化以减少极端天气事件，以及通过加强环境监管减少污染和生态破坏。另一方面，通过推动绿色经济和可持续发展模式，如发展可再生能源、绿色建筑和循环经济，各国正努力提高环境收益，实现经济、社会和环境的和谐共生。

这一趋势反映出全球对绿色发展的共识，即在保护环境的同时促进经济增长，确保资源的可持续利用，为后代留下一个更加健康、繁荣的地球。通过国际间的紧密合作，共享技术和经验，全球社会正逐步迈向一个更加绿色、可持续的未来。

（二）国内背景

我国经济的快速发展确实显著提升了民众的生活水平，将国家从低收入状态推向了中等收入国家的行列。然而，这一成就的背后，是以资源密集型和高污染产业的扩张为代价的，导致了环境质量的显著下降。“三高”（高污染、高能耗、高排放）产业的迅速扩张，加之环境保护机制的不健全，使得空气、水和土壤污染等问题日益严重，生态环境遭受破坏，资源与环境的瓶颈逐渐显现。

面对这一严峻的环境形势，我国正处于经济结构调整和增长方式转变的关键阶段。正如国务院发展研究中心原副主任刘世锦所指出，我国经济的转型涵盖了经济结构优化、增长动力转换和增长模式的绿色化三个层面。过去的高污染、高能耗增长模式正向清洁、低碳、高效的绿色增长模式转变。

这一转型的核心在于发展绿色产业和改造传统产业。绿色产业指的是在生产过程中充分考虑环境因素，实现节能减排的行业，如环保新材料、清洁能源、节能设备制造等。而传统产业的绿色改造，则是对现有的高污染行业进行技术升级和流程优化，减少对环境的影响，提高资源利用效率。例如，河北等省正在对钢铁产业进行重组，以减少排放，提升能效。

在这一转型过程中，科技进步，尤其是互联网技术的应用，为绿色经济的发展提供了新的动力。信息化社会的到来意味着数据、信息和网络技术可以被用来优化资源配置，提高生产效率，减少浪费，同时促进了绿色技术和文化的传播。因此，将绿色发展与科技创新、文化发展相结合，形成协同效应，对于推动经济转型、实现可持续发展目标至关重要。

（三）新的机遇

随着对绿色发展理念的深入理解和重视，环境生态保护已成为政府工作的重中之重。面对雾霾等大气污染的严峻挑战，政府正积极引导和支持清洁能源、工业节能、建筑节能、交通节能以及终端能效提升等领域的发展，力求从源头减少污染排放，改善空气质量。

对于农村和偏远地区，政府计划加大对生物质能、太阳能、风能、地热能等新能源和可再生能源的开发利用，通过提供财政补贴、技术支持和政策优惠，促进这些地区的能源结构转型。同时，政府将引进和推广先进的风能技术，开展多项技术示范工程，以推动风电产业的规模化发展。其中，市场手段，如特许权试点项目将成为促进风电产业发展的重要途径。

当前，我国正处于经济社会绿色转型和生态文明建设的关键阶段，这既是一次机遇，也是一个挑战。为避免转型过程中的额外成本，防止旧问题的复发和新问题的产生，政府将着力解决历史遗留的环境污染问题，寻找环境质量和经济增长之间的平衡点，实现环境与经济的双重收益。

在这个历史转折点上，金融领域对绿色经济的支持显得尤为重要。绿色金融通过优化资源配置，引导资金流向绿色项目，助力产业结构调整，加速经济模式的绿色转型，有效化解产能过剩问题，减轻资源和环境的压力。目前，我国已初步建立了包括绿色信贷、绿色证券、绿色保险在内的绿色金融体系，这些政策和工具的不断完善，将为我国绿色经济的腾飞提供坚实的资金后盾。

第三节　绿色金融在全球范围内的实践与案例

一、绿色金融国际实践及经验

（一）绿色金融在德国

绿色金融在国外起步较早，德国在这一领域积累了丰富的经验，成为全球绿色金融的先行者之一。1974 年，世界上第一家专门针对环保项目的银行——GLS Bank 在德国成立，标志着绿色信贷的正式起步。随后，德国银行业积极参与并制定了“赤道原则”，这一原则现已成为德国银行业普遍遵循的环保融资标准，体现了银行业在绿色信贷领域的自律与承诺。

德国政府在绿色信贷项目中扮演了积极角色，通过贴息贷款等政策支持，发挥了显著的“杠杆效应”。以德国复兴信贷银行（Kreditanstalt für Wiederaufbau，KfW）为例，该银行在环保领域担任多重角色，包括为经济界伙伴提供服务、执行政府的环保目标以及为可持续发展项目提供融资。KfW 开发了多种绿色信贷金融产品，通过公开透明的招标程序，确保了资金的高效和公平使用，而政府则主要提供贴息补贴和制定相关管理办法。

德国绿色信贷政策的成功经验主要体现在以下几个方面：

第一，银行业主动参与绿色信贷。德国银行业积极参与国际绿色信贷标准的制定，如“赤道原则”，这不仅规范了银行业在环保领域的行为，还为银行业在全球范围内赢得了发展先机。

第二，国家贴息贷款发挥“杠杆效应”。德国政府对环保和节能项目提供贷款贴息，对绩效优秀的项目给予长达10年、利率低于1%的优惠信贷，通过这种方式，少量的政府资金撬动了大量的环保节能项目投资。

第三，以政策性银行为核心开发绿色金融产品。KfW围绕绿色信贷开发了丰富的金融产品，从融资到产品销售全程公开透明，政府仅提供贴息和制定管理规定，确保了资金使用的高效与公正。

第四，环保部门发挥审核作用。在绿色信贷政策实施中，环保部门负责审核项目，确保贴息贷款真正用于支持环保节能项目，企业需获得环保部门的认可后方可申请贴息贷款。

德国的绿色金融实践表明，政府、银行和环保部门的协同作用是推动绿色信贷成功的关键，通过创新的金融工具和政策支持，可以有效促进环保项目的融资，加速经济的绿色转型。

（二）绿色金融在美国

从绿色信贷方面来看，美国在法律建设、政策指导和银行实施方面主要有以下经验：

1. 环境法与绿色金融法规同步实施

自20世纪70年代起，美国在环境保护立法方面展现出了前瞻性和全面性，通过一系列法律构建了严密的环境法规体系。美国国会先后颁布了几十部与环境保护密切相关的法律，涵盖了水体保护、空气质量管理、废物处理、污染场地清理等多个领域。这些法律不仅详细规定了污染者和公共机构的法律责任，还明确了具体的环境保护措施和标准，为环境保护工作提供了坚实的法律基础。

在这一基础上，美国进一步推进了绿色金融的法治建设，旨在通过立法手段规范政府、企业和金融机构在绿色金融领域的行为，促进绿色经济的发展。美国的绿色金融法律框架着重于以下几方面：

政府角色：明确政府在绿色金融中的引导和监管职责，包括设立绿色金融政策、提供财政激励、实施环境标准和合规性监管。

企业责任：要求企业遵守环境法规，公开环境信息，实施绿色经营策略，如减少碳排放、提高能效和使用可再生能源。

银行和金融机构的义务：规范金融机构在绿色信贷、绿色债券和其他绿色金融产品中的角色，鼓励它们为绿色项目提供资金支持，同时要求它们在融资决策中考虑环境风险。

美国的绿色金融法律体系不仅为绿色金融活动提供了法律依据，还促进了绿色经济的市场化运作，通过税收优惠、补贴、绿色信贷指引等手段，鼓励企业和金融机构参与绿色项目。同时，这些法律还加强了环境信息披露和透明度，提高了市场参与者对绿色金融产品的信心。

2. 实施鼓励政策，促进产业发展

美国不仅通过立法强制市场主体履行环境保护责任，还采取了积极的激励政策，以刺激和促进绿色金融产业的蓬勃发展。税收优惠政策是其中一项关键策略，用以引导企业和个人投资环保项目和清洁能源技术。

1978 年，美国联邦政府颁布的《能源税收法》就是一个典型案例，该法案允许纳税人在当年缴纳所得税时，根据购买太阳能和风能设备的成本获得一定比例抵扣。具体而言，对于前 2000 美元的支出，可抵扣 30%；对于后续 8000 美元的支出，抵扣比例为 20%。这一政策极大地鼓励了民众和企业投资可再生能源设备，促进了清洁能源产业的成长。

同样，美国亚利桑那州在其出台的法规中，对分期付款购买回收再生资源及污染控制设备的企业减免 10% 的销售税，进一步降低了企业环保投资的成本，激发了绿色投资的热情。

除了税收激励，美国的银行和金融机构也积极完善信息技术系统，与环保部门建立数据共享和信息沟通机制。这一举措提高了绿色金融项目的透明度和效率，使金融机构能够更准确地评估绿色项目的环境效益和财务风险，从而更加自信地为绿色项目提供资金支持。

这些措施共同构建了一个支持绿色金融发展的生态系统，通过税收优惠、信息共享和政策引导，美国有效地促进了绿色经济的增长，展现了绿色金融在推动可持续发展方面的重要作用。

3. 银行担责促绿色金融实施

在美国严格的环境法律框架下，信贷银行承担着与环境相关的责任，这促使它们在发放贷款时必须考虑潜在的环境风险。美国的银行业是全球范围内最早将环境政策纳入信贷决策过程的行业之一，尤其是关注与信贷风险紧密相连的环境因素。花旗银行作为先驱，是首批签署联合国环境声明并采纳“赤道原则”的美国银行之一。它在内部设立了复杂的环境事务管理体系，确保贷款活动与环境保护目标相一致，体现了银行对环境责任的承诺。

“赤道原则”是一套自愿性的信贷准则，旨在指导银行在处理超过 1000 万美元的项目融资时，评估和管理环境与社会风险。通过遵循这些原则，银行能够更好地识别和管理与贷款项目相关的潜在环境和社会问题，从而降低风险并促进可持续发展。

美洲银行同样展示了其对绿色金融的承诺，其宣布了一项规模达 200 亿美元的绿色商业发展项目，旨在支持清洁能源、能效改进、绿色建筑等领域的投资。此举不仅反映了银行对环境责任的认识，也表明了其通过金融手段推动绿色经济转型的决心。

这些例子说明，美国的银行业正积极采取措施，将环境因素融入其信贷政策和风险管理中，以响应全球对可持续发展的呼吁。通过实施绿色金融策略，银行不仅能够降低环境风险，还能抓住绿色经济带来的机遇，为自身创造长期价值，同时为社会和环境的可持续发展做出贡献。

（三）绿色金融在英国

2003 年，英国巴克莱银行成为践行“赤道原则”的先锋，这一原则旨在指导金融机构评估和管理与项目融资相关的环境和社会风险。巴克莱银行利用自身优势，开发了一套综合性的社会和环境信贷指引，这套指引覆盖了所有融资条件和超过 50 个行业，为银行的贷款决策提供了全面的框架。

该指引明确了企业环境违法的认定标准，并对环境风险进行了等级划分，这为银行评估贷款项目的环境影响提供了明确的依据，帮助银行识别和规避潜在的环境风险。这一举措提高了巴克莱银行信贷业务的可持续性，其还通过与联合国环境规划署的合作，向全球 170 多家金融机构分享了这份信贷指引，推动了全球绿色金融标准的统一和提升。

在内部管理方面，巴克莱银行注重人才的培养和储备，特别重视吸引和保留具备环保知识和技能的年轻专业人才。通过与外部咨询公司和行业环保专家的合作，巴克莱银行建立了强大的环境风险评估团队，确保其在处理复杂环境问题时能够做出专业判断。这种人才策略不仅增强了巴克莱银行在绿色金融领域的竞争力，也为其长期的可持续发展奠定了坚实的基础。

巴克莱银行的这些实践，展示了金融机构如何将环境和社会责任融入其核心业务，通过制定严格的信贷标准和培养专业人才，为推动全球绿色金融的发展做出了积极贡献。

（四）绿色金融在日本

日本瑞穗银行在 2006 年采取了前瞻性的措施，通过建立可持续发展部门，将环境与社会因素正式纳入其项目融资审批流程中。这一举措标志着银行在绿色金融领域迈出了重要一步，旨在确保其融资活动不会对环境和社会造成负面影响。

根据新流程，客户在申请项目融资时需要填写一份“筛选表格”。这份表格的目的是帮助银行初步评估项目可能带来的环境和社会影响。可持续发展部门随后会对这些信息进行分析，将项目分类为 A 类、B 类或 C 类，分类依据是项目对环境和社会潜在影响的程度。

A 类和 B 类项目被认定为可能对社会和环境产生重大潜在不良影响的项目，可持续发展部门会依据其“行业环境清单”对这些项目进行更深入的环境审查。这一清单包含了特定行业中常见的环境风险和标准，是进行环境审查的基础。可持续发展部门会根据审查结果准备一份详细的环境审查报告，作为环境筛选报告的一部分，提交给信贷部门。

这一流程的引入，确保了银行在决定是否为项目提供融资之前，能够充分评估其环境和社会影响，从而避免或减轻可能的负面影响。瑞穗银行的这一实践，体现了银行在绿色金融领域中的领导地位，同时为其他金融机构提供了有益的参考，展示了如何将可持续发展原则融入日常业务操作中。

二、对构建我国绿色金融体系的启示

（一）建立绿色金融法律法规保障体系

鉴于我国绿色金融领域内法律法规体系尚待完善，以及金融机构在实际操作中面临的制度性挑战，国家有关部门应加速构建全面的绿色金融法规框架，旨在为国内银行业务的绿色转型提供坚实的制度支撑。具体而言，我们应着重于以下关键领域：首先，强化外部约束机制，通过立法明确金融机构在绿色金融实践中的责任与义务，确保其经营活动与环境保护目标相一致；其次，建立健全跨部门合作与监督体系，实现环保、金融监管、财税等多部门间的信息互通与政策协同，提高绿色金融的执行效能；再次，搭建绿色金融信息共享平台，促进绿色项目与资金的有效对接，提升市场透明度；复次，出台政策扶持措施，包括但不限于财政补贴、税收优惠等激励机制，鼓励金融机构加大对绿色经济的支持力度；最后，优化绿色金融标准与评估体系，为金融机构提供明确的操作指南，降低绿色信贷与投资的风险。通过这些综合性措施，不仅能扫清绿色金融发展的障碍，还能激发金融机构的内在动力，共同推动我国绿色金融市场的繁荣与成熟。

（二）创立“绿色银行”

我国正致力于成为全球环境保护的领军者，将节能减排与经济转型视为国之重策，以构建资源节约型和环境友好型社会（简称“两型社会”）为长远愿景。在此背景下，汲取国际先进经验显得尤为重要，尤其是学习德国在绿色金融领域的成功案例。德国通过设立专门的政策性银行 KfW，不仅有效促进了本国的可持续发展，还在全球范围内树立了典范。鉴于此，我国应当考虑创立一家类似的“绿色银行”，其核心使命应聚焦于防范环境污染，引导社会资本流向绿色项目，助力生态建设。这家银行可扮演多重角色，包括为环保项目提供低息贷款、支持绿色技术创新、促进清洁能源投资等，从而从国家层面系统性地推进绿色金融体系的建设和完善，最终达成经济社会与生态环境和谐共生的目标。通过这一举措，我国不仅能够加快向低碳经济转型的步伐，还能在国际舞台上彰显负责任大国的形象，引领全球绿色金融的发展潮流。

（三）引导银行业接受“赤道原则”

“赤道原则”的出台是负责任银行业务实践的一个里程碑，它开创性地将以往项目融资中含糊不清的环境与社会准则转化为清晰、可执行的标准，实现了银行业在这些领域规范的标准化与一致性，进而显著提升了行业整体的伦理水平。对金融机构而言，采纳“赤道原则”不仅能够巩固和拓展其市场地位，增强品牌美誉度，还能够有效规避环境及社会问题引发的风险，确保长期稳定运营。从更广泛的社会视角看，这一原则的实施促使可持续发展的理念从理论走向实践，银行在某种程度上扮演了环境与社会利益守护者的角色，通过金融手段的合理运用，推动构建和谐社会，实现人与自然、人与社会以及人际间的真正和谐共处。“赤道原则”的推行，体现了金融力量在促进生态文明与落实社会责任方面的关键作用，为全球可持续发展贡献了创新的解决方案。

（四）做好银行人才的培养与引进

为了强化银行业在环境与社会风险管理方面的专业能力，创建一个专注于此领域的部门显得尤为重要。银行可以考虑成立“环境与社会发展部”，该部门的核心职责是系统性地识别、评估并管理在融资活动中可能遇到的各类环境与社会风险。这不仅包括遵循国际公认的最佳实践，如“赤道原则”，也涵盖制定和执行内部政策，确保所有业务活动都符合可持续发展的要求。

与此同时，人才的培养与引进是支撑这一部门高效运作的关键。鉴于环境风险评估的专业性和复杂性，银行需要制订全面的人才发展计划。这可能涉及内部培训课程的设计，旨在提升现有员工的环境意识和评估技能，确保他们能够准确解读相关政策和指导方针。此外，从外部招募具备相关背景和经验的专业人士，也是提升团队能力的有效途径。通过内外结合的方式，银行能够建立起一支既懂金融又精通环境与社会风险管理的专家队伍，从而在促进绿色金融发展的同时，降低潜在风险，实现经济效益与社会效益的双赢。

（五）建立全面的绿色金融产品体系

为响应全球绿色经济转型趋势，银行应当引领金融创新潮流，通过体制、模式、产品及服务的全方位革新，精准对接绿色产业的独特需求，建立绿色金融产品体系。这意味着我们要深入理解绿色项目的技术特点和市场动态，量身定制一系列融资策略，如探索直接融资机制以支持节能技术改造，为节能服务公司量体裁衣提供融资方案，创新设备供应商的买方信贷模式，以及为减排设备制造商扩大产能开辟融资渠道。同时，针对公共事业服务商和排污权抵押融资等新兴领域，银行应积极开发适应性更强的金融产品和服务。

在绿色贸易融资方面，银行可拓展融资租赁和咨询服务，助力企业降低绿色转型成本，提高其在全球市场的竞争力。此外，通过参与清洁发展机制（Clean Development Mechanism，CDM）项目融资，涉足碳金融业务，银行不仅能为企业提供碳资产管理和交易服务，还能在碳排放交易体系中扮演重要角色，推动碳市场的发展。通过设立绿色产业投资基金，银行可以引导社会资本流向环保和可持续发展项目，加速绿色技术的商业化进程。

（六）建立绿色金融风险管理体系

为了有效支持绿色产业发展，银行机构应依据各细分行业的特性，制订差异化的授信策略，同时建立绿色金融风险管理体系，专注于识别并管控关键行业与客户的潜在风险。这要求银行深入研究并实践风险防控机制，确保信贷安全与绿色目标的双重达成。

对于项目贷款，借鉴国际最佳实践，结合国内环保法规与银行业运营现状，银行应编撰详细的绿色信贷指导手册，涵盖行业导向、操作规程与风险管理框架，旨在全面评估和控制项目可能引发的环境及社会风险。这一过程需要细致分类风险等级，并融入信贷决策的各个环节中。

而在企业贷款领域，银行应立足国情，综合考量企业的环保合规性与环境治理成效，开发出一套科学且实用的环境风险评级体系，以量化的方式评估借款企业的环境风险水平。此外，从贷前尽职调查到贷后跟踪管理，再到资金流向监控及担保安排，银行需不断探索和完善风险防控手段，确保绿色信贷活动稳健推进，实现经济效益与生态效益的双赢。

三、绿色金融案例分析

（一）“赤道原则”项目案例

某纸业公司规划的 30 万吨石膏板护面纸生产线，作为省内的标志性工程，不仅是地方引资的亮点，而且具有巨大的经济与社会效益潜力，预计项目总额接近 10 亿元，投产后将贡献超亿元税收，创造 700 余岗位。鉴于其环境与社会影响，依据“赤道原则”分类，该项目定级为 B 类，意味着可通过实施针对性措施来缓解潜在的负面影响。

在 × × 银行的环境与社会风险评估过程中，该纸业公司展现了对污染控制、能效提升和资源循环利用的承诺，以及对员工福祉的关注。然而，承包商管理和员工福利方面有待优化，尤为突出的是，公司未能依据规范建立足够的污水处理应急池，这是区域内造纸业普遍存在的问题。考虑到法规遵从性和实际运营需求，缺失应急池不仅会使公司面临监管惩处，更会使公司在紧急状况下缺乏应对能力。事后的整改将显著增加时间和财务成本。

鉴于此，× × 银行与该公司展开了深度对话，阐明了“赤道原则”的核心价值与环境社会风险管理的重要性，成功说服该公司按照规定标准建设事故容量池。项目启动后不久，区域环保监察行动展开，凡不符合应急池建设标准的造纸厂均遭处罚并停业整改，唯独本项目安然无恙，正常运营。此次事件凸显了 × × 银行通过贯彻“赤道原则”，协助客户精准识别、有效管控环境与社会风险的能力，彰显了金融与可持续发展的和谐共生。

（二）碳排放权交易平台案例

× × 银行在碳金融领域的精耕细作，标志着其在碳排放权技术服务领域的领先地位。该银行致力于为国内碳排放权交易构建全方位的金融生态。该银行不仅为碳排放交易所提供涵盖系统构建、托管运维、资金存管与清算结算的一站式服务，还深度融入国内碳交易试点进程，为参与者量身定制融资方案与技术援助。迄今，××银行已携手七大国家级碳交易试点，构建起覆盖全国的绿色金融网络。

以上海为例，作为国家发展和改革委员会批准的碳交易试点，上海市发展和改革委员会授权上海环境能源交易所主导碳交易体系的搭建与运营。上海的试点聚焦于制度创新与市场机制完善，旨在塑造全国性的碳金融市场，支撑“四个中心”的战略目标。

××银行与上海环境能源交易所紧密协作，紧跟上海市政府碳交易部署，深度参与交易规则制定，贡献专业洞见。为强化平台的安全与效能，××银行主动承揽交易系统的软件开发任务，依托其在电子银行及第三方存管方面的专业积累，确保系统与银行服务的无缝融合，加固了交易的安全壁垒。

遵循上海碳交易体系准则，××银行优化了会员开户流程，简化企业开设专用资金账户及网银接入的步骤，同时针对企业差异化需求，提供定制化融资与财富管理服务，助力企业绿色转型，共同推进碳市场的繁荣与稳定。

（三）合同能源管理融资专项服务方案案例

××银行敏锐洞察节能减排行业特性，专为“轻资产”型节能服务企业设计了一款创新金融产品——合同能源管理未来收益权质押融资。这一融资模式颠覆传统，不再依赖实体资产，如土地或厂房作为抵押，而是以节能服务公司在合同能源管理协议下预期产生的未来收益作为主要担保，将项目的节能效果转化为直接的还款来源。

通过集结行业专家，××银行对节能项目的成熟度与效益实现可能性进行精准评估，科学量化节能收益。银行全面审视项目风险，严密监控信贷后的现金流状况，从多个维度，如信用、项目实施及操作层面，构建了立体化的风险防控体系。在还款机制上，银行采取灵活策略，依据项目现金流实际情况量身定制还款周期，引入宽限期概念，支持分期偿付，既缓解了借款人的财务负担，又确保了银行信贷的安全回收，实现了银企双赢，共同促进绿色经济的稳健发展。

（四）融资新模式助力某省绿色货运示范项目

某省绿色货运示范项目，作为全球环境基金支持下的先锋计划，旨在应用国际先进的节能减排技术，结合智能化调度与优化运输流程，减少道路货运行业的碳足迹。目标是在3至4年内削减15万吨二氧化碳排放，通过降低空载率和提升整体能效，引领行业绿色转型。

该项目核心策略在于激励货运企业自主投资于节油装备，诸如低阻力轮胎、空气动力学附件等，以增强车辆燃油经济性。初期投资虽为企业自筹，但节油收益将覆盖前期成本，此外，依据改装成效，企业还能获得世界银行的赠款奖励。然而，由于短期回报不明显及行业具有分散性，多数中小企业面临融资壁垒，阻碍了项目的顺利推进。

为解决这一困境，项目借鉴合同能源管理模式，引入技术服务商作为关键纽带。

技术服务商承担起融资角色，从银行获取资金用于购置节能设备，然后向货运企业提供节油改造服务，双方共享由此产生的经济效益。世界银行提供的补贴则充当贷款担保，确保资金链安全，待贷款清偿后，补贴款项将流向符合条件的货运企业。

从技术与融资双重视角，技术服务商充当了设备供应商与货运企业间的桥梁，不仅提供了定制化的节油解决方案，还集中处理了银行融资事务，规避了银行与众多质量参差的小型企业直接对接的风险，有效降低了操作成本。这一创新模式不仅加快了绿色货运项目的市场化进程，也为技术服务商开辟了通过银行融资加速成长的新路径，展现了多方共赢的合作潜力。

第二章　绿色金融的理论基础

第一节　绿色金融与可持续发展理论

一、绿色金融与金融可持续发展

当前，全球社会正站在历史的十字路口，面临着由环境退化和气候变化带来的深刻挑战。然而，挑战之中蕴藏机遇，绿色金融作为新兴的金融范式，不仅响应了时代呼唤，更成为推动全球经济向绿色、低碳转型的关键引擎。它旨在通过金融工具与服务的创新，引导资本流向环保项目与绿色产业，从而促进经济社会的可持续发展。

从全球层面上看，绿色金融已引起了国际组织、金融机构及各国政府的高度共鸣。从欧洲联盟的绿色金融税收优惠、标准制定，到亚洲尤其是我国在绿色金融领域的积极探索与政策扶持，都表明了绿色金融正在成为全球共识。这些举措不仅促进了绿色金融的本土化实践，也推动了跨国合作，促使各国共同应对环境危机。

绿色金融的内涵丰富，其影响力远远超越了传统金融的范畴，它通过创新产品与服务，如绿色债券、绿色信贷、碳金融等，有效引导资本配置，加速绿色技术和低碳产业的成长。这不仅推动了经济结构的优化升级，也为全球生态文明建设注入了强大动力。我国作为绿色金融的领航者之一，其市场规模的持续扩张与金融产品的不断革新，为全球提供了成功的案例和经验借鉴。

本部分力图全面剖析绿色金融的理论根基、全球实践及其未来展望，强调绿色金融对于构建绿色低碳发展模式、实现全球可持续发展目标的重要作用。通过深入分析，本部分旨在为绿色金融的深化发展提供坚实的理论依据和切实可行的政策建议，助力全球社会迈向更加和谐、绿色的未来。

二、绿色金融为我国经济的可持续发展注入动力

（一）绿色发展是首要任务

绿色转型触及社会经济的每一个角落，要求多领域间的深度协作与创新思维。如

今，一个日益清晰的认识正在全球范围内形成——绿色发展不仅是对传统模式的颠覆，更是对未来可持续路径的重塑。以往，发展模式往往依托于化石燃料支撑的重工业，而中国身为全球制造业的领军者，同时是碳排放的重要来源，其超八成的温室气体排放可追溯至能源生产和工业活动。这一现实曾引发专家忧虑，担忧绿色转型或将成为我国经济前进道路上的绊脚石。

然而，随着低碳经济理念的深入人心，我国正逐步构建起全新的共识：一场以能源安全为基石的平缓绿色转型，不仅不会束缚发展步伐，反而蕴藏着前所未有的机遇，有潜力成为推动国家前行的新引擎和创新范式。这一转型愿景，既呼唤政府的前瞻引领与政策扶持，也亟须市场力量的深度融合与激励机制的巧妙设计，以此撬动私营部门的投资热情，共同绘制绿色未来的宏伟蓝图。

在这个进程中，政府的角色不可或缺，它应当通过制订长远规划、完善法律法规、提供财政补贴等手段，为绿色转型铺路搭桥；同时，市场机制的活力与效率同样重要，通过价格信号、竞争机制以及绿色金融等工具，激发企业和社会各界投身绿色事业的积极性，形成政府与市场双轮驱动的良性循环，共同探索出一条既符合国情又接轨国际的绿色低碳发展新路径。

（二）多层次绿色金融体系的建立

我国的绿色转型征途漫漫，建立多层次金融体系显得尤为关键。虽然“绿色金融”这一概念的影响力日渐攀升，但其内涵始终存在着一定的模糊性。在通常情况下，“绿色金融”被狭义地理解为对那些几乎不产生环境负面影响、专注于减排的项目提供资金支持，这样的界定虽直接促进了清洁技术与生态友好型产业的发展，却可能无意间将那些寻求低碳转型的传统行业边缘化，从而阻碍了整体经济的平稳过渡。

鉴于此，我们引入了一个更为全面的概念——“绿色相关金融”，旨在囊括所有能显著推进中国绿色转型、明确聚焦于碳排放削减的融资行为。这一概念不仅包含了纯粹的绿色投资，还扩展到了旨在助力高碳行业逐步降低其环境影响的转型融资。换句话说，绿色相关金融超越了仅关注负碳项目的局限，将视野拓宽至那些能够有效减少碳足迹的转型活动，尤其是针对煤炭发电、钢铁制造、建筑材料等传统高排放领域的革新。

当前，我国的政策导向正逐渐转向双线并进的策略：一方面，通过精细化“绿色”活动的界定标准，确保其纯粹性和公信力；另一方面，中国人民银行正积极推动转型金融体系的构建，致力于制定适用于首批关键高碳行业的转型金融标准。此举意在为上述行业提供清晰的转型路径，促进其在减少碳排放的同时保持经济的持续健康发展，最终实现绿色转型与经济增长的双赢局面。

1. 绿色债券：取得积极进展

绿色债券作为新兴的融资渠道，正逐渐成为推动绿色经济发展的关键力量。近年来，随着绿色债券市场的蓬勃兴起，资金流向更加多元化，有力地支撑了环保及气候适应项目。绿色债券的规则框架逐渐明朗化，不仅提升了市场透明度，还有效遏制了

“漂绿”现象，即资金被不当用于那些对气候目标贡献甚微的项目。然而，严格的界定也可能带来意外后果，即某些处于转型期的高碳排行业可能面临融资难题，进而延缓其向低碳模式的过渡。

为此，转型金融的概念及其指导原则应运而生，旨在为高碳行业开辟一条可行的绿色转型路径，确保它们在转型过程中能够获得必要的资金支持。这一机制通过设定科学合理的转型标准，引导金融机构向那些具有明确脱碳计划的企业开放信贷，从而平衡了绿色投资的风险与收益，加速了整个经济体系向低碳未来的转变。

在我国，绿色信贷融资的迅猛增长已经成为一道亮丽的风景线，其增速已显著超过固定资产投资的整体扩张速度。这股强劲的绿色融资浪潮，恰逢我国经济结构转型的关键时期，正引领着国家从传统的投资驱动型增长模式向更加均衡和可持续的发展模式转变。绿色投资的扩大，不仅能够弥补房地产和传统基础设施领域投资放缓所造成的缺口，还能激发新的经济增长点，为我国经济高质量发展注入绿色动力。

2. 绿色股权投资：迅速发展

尽管 ESG 基金在全球范围内得到了广泛关注，但这一领域仍然缺乏统一的定义和强制性标签标准，这表明 ESG 投资的标准化和规范化仍有很长的路要走。在我国，监管机构如中国证券监督管理委员会（China Securities Regulatory Commission，CSRC）已经采取初步措施来提高透明度和一致性，例如要求标榜为 ESG 的公开募集（公募）基金将至少 80% 的非现金资产配置到符合其 ESG 投资策略的标的上，这一举措旨在确保投资者能够准确理解其投资组合的实际影响力。

展望未来，我国政府有潜力通过制定更多针对性政策，进一步促进 ESG 投资的发展。例如，鼓励私募股权（Private Equity，PE）和风险投资（Venture Capital，VC）基金将资本引向那些尚处于萌芽阶段的绿色科技企业，这不仅能为这些企业提供必要的启动资金，还能推动创新技术的商业化进程，加速绿色经济的崛起。通过培育一批专注于解决环境和社会挑战的高潜力公司，我国不仅可以增强其在全球绿色技术领域的竞争力，还可以为实现国内乃至全球的可持续发展目标做出重要贡献。此外，加强对 ESG 投资的政策支持还有助于吸引更多的国际资本，共同参与我国绿色转型的伟大征程。

（三）绿色转型需要更多社会资本参与

虽然我国在推进绿色经济发展方面已展现出显著成效，包括大力发展可再生能源、提升能效和推广绿色交通等，但要全面实现“碳中和”愿景，前方的道路依旧漫长且充满挑战。据英国工业联合会（Confederation of British Industries，CBI）的评估，我国为了达到碳排放峰值，预计需要投入高达 14 万亿至 22 万亿元人民币的资金；而从 2030 年到 2060 年，完成从“碳达峰”到“碳中和”的过渡，则可能需要超过 100 万亿元人民币的巨额投资。单纯依赖政府财政显然难以满足如此巨额的资金需求，因此，调动和引导社会资本的参与显得尤为重要。

我国政府未来政策的重心应当放在构建一套完善的激励体系上，旨在营造一个对绿色转型更加友好的投资生态。这包括但不限于税收优惠、补贴政策、绿色金融产品创新以及建立碳交易市场等措施，以此吸引并鼓励私营部门和民间资本投入到低碳技术和清洁能源项目中。通过激活市场力量，不仅能够填补巨大的资金缺口，还能加速技术创新和产业升级，最终促成经济结构的绿色化转型。同时，政策设计还应注重平衡经济效益与环境效益，确保绿色投资的长期可持续性和社会公平性，从而为我国乃至全球应对气候变化贡献力量。

1. 明确绿色转型分类

构建绿色分类的双轨系统，既确保了绿色项目的真实性和透明度，也为高碳产业向低碳路径转型提供了必要的灵活性。这一双轨制旨在预防“漂绿”现象，同时灵活适应不同行业独特的融资需求。绿色金融着重于新兴的低碳项目，如清洁能源设施、环保交通工具及绿色建筑，但其覆盖的广度与深度尚不足以支撑我国的“碳达峰”与“碳中和”目标。

转型金融则是在可持续发展目标的指引下，致力于整个经济体向低碳、零排放及气候适应型经济转型的金融支持框架。它特别聚焦于高碳行业的“两高”（高能耗、高排放）项目，通过创新的金融工具和机制，助力这些行业实现低碳转型。国际能源署（International Energy Agency，IEA）的数据显示，我国的二氧化碳排放中电力行业占48%，工业占36%，因此迫切需要大量的财政资源投入，以促进这些关键领域的减排。

然而，部分高碳行业因不属于传统绿色金融界定的范畴，难以从现行的绿色金融体系中获取转型资金，进而限制了碳减排潜力的发挥。在此背景下，转型金融应运而生，作为绿色金融的重要补充，它填补了绿色金融在支持高碳行业转型方面的空白。

目前，中国人民银行正引领制定针对煤炭发电、钢铁制造、建筑材料和农业等四大行业的转型金融标准，预期在细节敲定后，这些标准将在全国范围内得到推广。后续，更多的行业和领域将被纳入标准体系，以全面推进各区域高碳产业的绿色化改造，确保中国在实现“碳中和”的道路上稳健前行。

2. 实施碳税以激励绿色转型

我国探索实施碳排放税的策略，不仅能够加速国内绿色转型的步伐，还有望成为政府财政收入的新增长点，尤其是在土地出让金等传统收入来源下降的情况下，提供一种有效的补偿机制。不过，当前推行碳排放税的条件尚未完全具备，首要任务在于确立一套公正且精确的碳排放定价机制。

这要求我国碳交易市场持续拓展其覆盖范围，逐步吸纳更多高碳排行业，以适应和支持它们向低碳模式转变。随着碳交易市场机制的不断完善，企业将更加明确其碳排放成本，从而激发内在动力，优化生产流程，减少温室气体排放。同时，政府可借此机会调整税收结构，将碳排放税收入用于补贴绿色技术的研发、环保基础设施的建设或是直接回馈给纳税人，以此平衡经济发展的环境成本，推动经济社会全面绿色转型。

3. 提高气候信息披露标准

我国在气候信息披露标准方面正经历着显著的演变，尽管已经取得了初步进展，但仍存在与国际先进实践接轨的空间。提升气候相关信息披露的质量和透明度是推进绿色转型不可或缺的一环，它不仅为投资者提供了关键数据，帮助他们识别和量化与气候变化相关的财务风险，而且促进了绿色和气候友好型投资决策的形成。此外，详尽的气候信息披露还能为政府政策的制定提供坚实的基础，助力于构建更加科学、精准的环境监管框架。

为了弥合与国际标准之间的差距，我国正致力于细化和完善自身的气候信息披露规范，确保其既符合国情又与全球趋势保持同步。这涉及增强信息的可靠性，确保不同企业间的可比性，以及提高披露内容的清晰度和具体性。通过与国际组织的合作，借鉴气候相关财务信息披露工作组（Task Force on Climate - Related Financial Disclosure，TCFD）等国际组织的经验，我国正逐步建立起一套兼容并蓄的信息披露体系，旨在促进国内企业更好地适应全球气候变化治理的要求，同时吸引更多的绿色资本流入，共同推动可持续发展目标的实现。这一过程不仅是对现有标准的升级，更是在全球气候行动中展现中国担当、加强国际合作、共谋绿色未来的重要举措。

4. 拓宽民间投资渠道

绿色转型的推进是一项系统工程，要求政府及社会各界协同努力，共同构建一个多元化的绿色金融生态系统。当前，绿色贷款和绿色债券作为资金供给的传统渠道，发挥着基石作用，然而，拓宽民间投资渠道，引入更多元化的投资主体，对于加速绿色转型至关重要。公私合作模式在这一进程中展现出巨大潜力，特别是在绿色基础设施的开发与建设上，能够有效撬动社会资本，形成规模效应。

私募股权和风险投资机构在绿色创新领域扮演着先锋角色，它们擅长发现并培育具有前瞻性的绿色科技项目，特别是那些处于萌芽阶段的初创企业，这些企业往往能带来颠覆性的解决方案，推动行业革新。因此，政府有必要搭建桥梁，促进金融机构、投资者与绿色项目之间的高效对接，创建信息共享和协作的平台。

为激励市场参与，政府应当出台一系列优惠政策，如税收减免、财政补贴、风险补偿基金等，特别针对一级市场中的绿色资产，降低投资门槛，提高回报预期。同时，设计灵活多样的金融工具，鼓励长期资本流向绿色转型的早期阶段，尤其是中小微企业，这些企业虽规模较小，却在绿色经济中发挥着不可忽视的作用。通过这样的综合策略，不仅能激活市场活力，还能加速绿色技术的商业化进程，最终实现经济社会与生态环境的和谐共生。

5. 增强货币和财政工具针对性

在推动绿色经济发展的宏观调控框架下，中国人民银行的货币政策工具扮演着至关重要的角色。例如，碳减排支持工具和煤炭清洁高效利用专项再贷款等定向措施，通过增加额度，可以更有力地引导金融机构加大对绿色项目和低碳转型领域的信贷投放。同时，拓展结构性货币政策工具的适用范围，增强货币和财政工具针对性，使其覆盖更广泛的绿色经济活动，有助于精准滴灌，确保资金流向最需要的绿色产业和企业。

从财政政策的角度出发，政府可以通过一系列激励措施来促进绿色转型。税收优惠是其中的关键一环，比如对致力于绿色技术研发、清洁能源应用以及提升能源使用效率的企业给予税收减免，这不仅减轻了企业的财务负担，还激发了其在绿色发展上的积极性。此外，政府还可以设立贷款担保机制，为绿色项目提供信用背书，降低融资成本，增强金融机构的放贷意愿。过渡基金的设立则为那些正处于转型期的企业提供了必要的财政支持，帮助他们平稳过渡至低碳发展模式，减少转型过程中受到的冲击。

第二节　绿色金融与环境经济学

一、环境经济学的学科性质和相关争议

（一）环境经济学的学科性质

每一门学科的成长都根植于独特的伦理文化土壤，环境经济学亦不例外，它深刻反映着人与自然以及人与人之间的复杂关系。伦理文化，作为社会意识的组成部分，不仅映射出人类对于自然界的态度，也体现了社会内部的相互作用模式。从哲学的角度审视，伦理文化的演进受到历史条件的制约，这解释了为何“可持续发展”这一理念直到近现代才被广泛接纳并成为全球共识——它标志着人类对环境与社会关系认知的飞跃，是对生态平衡与社会公正双重追求的精炼表达。

环境经济学唯有将“可持续发展”视为基石，方能确保其理论与实践的正当性和前瞻性。这意味着在评估经济活动时，不仅要考量经济效益，更要融入生态责任与社会公平，确保当代需求的满足不会损害后代福祉。如此，环境经济学才能引领我们走向一条既促进经济增长，又维护生态健康，实现社会和谐的可持续发展之路。

与此同时，“限制”一词在环境经济学中往往与技术能力紧密相连。人类技术的进步，尤其是那些涉及资源开发、污染控制及生态系统保护的技术，直接决定了我们与自然界的互动方式。资源枯竭的速度、利用的效率、替代的可能性，以及环境承载力的界限，无不受到特定历史时期技术水平的影响。随着科技的迭代与创新，自然环境对人类发展的约束逐渐减弱，我们有望步入一个崭新的时代，在那里，经济繁荣与生态环境保护并行不悖，人与自然共生共荣，共同书写可持续发展的新篇章。

这种视角揭示了技术革新在缓解自然限制、推动可持续发展进程中的关键作用，同时强调了环境经济学作为一门跨学科领域，其核心价值在于寻求经济发展与环境保护之间的动态平衡，从而为人类社会的长远发展铺平道路。

（二）有关环境经济学的争议

尽管环境经济学自诞生以来已历经数十年，其间涌现了众多学术著作与教材，然而，学界普遍认同该领域尚未达到成熟状态，缺乏一套被广泛认可的系统化理论框架。造成这一现状的主因在于人类对环境与经济交互作用的理解仍处于起步阶段，而另一个不可小觑的因素，则是对环境经济学核心研究范畴的认知分歧。

首先，学科定位模糊。环境经济学虽被视为经济学的一个分支，却因其内在的交叉性和综合性特征而独树一帜。其起源可追溯至对环境问题的关注，而其分析路径则倾向于运用经济原理来阐释环境议题，多数教材与研究均是在批判性吸收主流经济学理论的基础上构建的。

其次，环境经济学与资源经济学、生态经济学的界限划分亦存在争议。资源经济学专注于自然资源的有效开发与管理，其理论框架更易与新古典经济学的资源配置理论接轨。有时，自然资源经济学甚至被视为环境经济学的同义词，尤其是在狭义理解下。

二、环境经济学与主流经济学的联系和区别

（一）环境经济学与主流经济学的联系

环境经济学作为一门融合了经济学与环境科学的交叉学科，致力于采用经济分析的视角来审视并寻求解决环境问题的方案。其终极追求在于实现社会福利的最大化与环境资源的最优配置，与传统经济学的宗旨相呼应，但其内涵已超越了纯粹的市场效率范畴，进入了生态平衡与可持续发展的维度。

该学科强调，环境资源的公共性质、污染带来的负外部性、环境保护的正外部性、环境市场的不完全性以及环境产权的模糊性，是制约全球环境质量提升的关键因素。环境经济学家关注环境决策的社会成本与效益，通过实证分析揭示环境变化的经济影响，倡导以经济激励机制促进环境友好型行为。

环境经济学借鉴主流经济学中的核心概念，如产权界定、市场效率与政府调控，来剖析环境议题。其中，新制度经济学在国际环保领域的应用尤为突出，其提出制度创新是化解跨国环境危机的钥匙。面对“囚徒困境”——个体理性追求私利可能导致集体利益受损的悖论，以及“搭便车”现象——部分国家试图无偿享受他人环保努力的成果，新制度经济学主张构建公平合理的国际合作机制，确保各国在维护全球环境的过程中都能获得相应的回报，从而激发各国参与意愿，共同抵御环境退化的威胁。

为克服上述挑战，环境经济学倡导建立强有力的国际环保制度，旨在平衡国家间的利益差异，确保环境治理行动的公平性与有效性。唯有如此，才能在尊重各国自主权的同时，推动形成全球性的环保共识，逐步消除“囚徒困境”与“搭便车”现象，促进人与自然和谐共生的可持续发展。

（二）环境经济学与主流经济学的区别

在探讨人与自然和谐共生的路径中，环境经济学与主流经济学展现出截然不同的视角与方法论。主流经济学根植于“人类中心论”的哲学土壤，倾向于视人为自然界的主宰，将经济增长视为解决所有问题的灵丹妙药，却忽视了自然资源的有限性和生态系统的脆弱性。在这种模式下，经济活动的无限扩张与生态平衡之间的矛盾日益尖锐，导致环境退化、生物多样性丧失等一系列连锁反应，最终威胁到人类自身的福祉。

与此形成鲜明对比的是，环境经济学秉持可持续发展的理念，倡导在尊重自然法

则的基础上追求经济繁荣。它认识到，自然界的健康与生产力是人类社会持续发展的根基，因此在产品定价和资源配置中赋予了环境与资源要素更高的权重。环境经济学强调，经济增长不应以牺牲未来世代的利益为代价，而应寻求保护生态完整性和促进社会公正之间的平衡点。

在对人际关系的理解上，环境经济学超越了主流经济学中“理性经济人”的狭隘定义，引入了更加全面的人性观，强调人的社会属性与代际责任。这意味着，除了追求个人或当代社会的经济利益，还应考虑对后代的影响，确保他们也能享有清洁的空气、清澈的水源和丰富的自然资源。

此外，环境经济学对经济关系主体的定义更为宽泛，不仅限于市场中的私人厂商，还将政府和国际组织纳入考量。它认识到，在处理诸如环境污染、气候变化等全球性挑战时，市场机制往往力有未逮，需要强有力的政策引导和国际合作。环境经济学主张，政府和国际组织应当发挥关键角色，通过制定法规、实施监管、促进技术创新和国际合作，解决市场失灵问题，确保环境正义和全球生态安全。

三、环境治理效应的相关理论基础

（一）可持续发展理论

可持续发展理论旨在确保当代人的繁荣进步不以牺牲后代人的福祉为代价，追求的是一种跨时代、跨地域的公正与平衡。其核心目标是构建一个兼顾效率、公正与和谐的世界，让自然与人类社会共存共荣，而非彼此对立。

公平性原则是可持续发展的灵魂，它强调了两重维度的平等：一是当代人群体间的横向公平，即确保每个人都有平等的机会去获取资源、享受成果，共同参与决策过程；二是代际间的纵向公平，即今天的发展不应削弱未来世代满足自身需求的能力，这要求我们在利用自然资源时持有谨慎与节制的态度，避免过度消耗与污染。

持续性则聚焦于资源与环境的长远保护与再生能力，意味着在促进经济增长的同时，必须采取措施防止资源枯竭和生态系统崩溃。这不仅关乎物质财富的积累，更涉及文化、知识和社会资本的传承与发展。人类社会的进步需与自然界的承载力相协调，通过科技创新、绿色转型和循环经济等策略，提升资源使用的效率与质量，减少浪费与排放，保障地球家园的健康与活力。

可持续发展理论汲取了经济学、环境科学、社会学等多学科的智慧，倡导一种全方位的协调发展观。它呼唤我们重新审视经济增长模式，探索经济、社会与环境三者之间的良性互动，强调通过有效的资源配置与管理，实现经济效益、社会福祉和环境保护的共赢。可持续发展不仅是应对全球性挑战的必要途径，也是激发创新、促进公平与和平的关键力量，为人类描绘了一个充满希望与机遇的未来。

（二）生态文明建设理论

生态文明建设理论在我国改革开放以来的高速发展背景下显得尤为重要，尽管经济腾飞带来了显著的社会进步，但环境退化问题也随之浮现，其根源往往在于传统增长模式过度依赖资源消耗与环境牺牲。面对资源日益紧张、污染加剧及生态系统受损的现状，我国正逐步树立起“尊重自然、顺应自然、保护自然”的生态文明理念，推动经济发展向绿色、健康、可持续的方向转型。

践行“绿水青山就是金山银山”的绿色发展理念，实质上是认识到生态环境本身蕴含着巨大的经济价值和社会福祉。将自然景观、生物多样性视为宝贵的“生态资本”，通过建设“生态型”试验区，不仅能够保护自然资源，还能激发新兴产业的潜力，如生态旅游、绿色农业、清洁能源等，形成集约化、专业化的绿色产业链。这要求我们科学规划试验区的未来发展，构建绿色经济体系，促进自然资源的合理利用与经济活动的绿色转型，达到经济发展与生态保护的和谐统一。

在这一过程中，关键在于创新机制，实现资源、环境、经济与人口的协同发展，确保现代化进程中生态文明建设与绿色经济并行不悖。通过技术创新、政策引导和市场机制，平衡经济增长与环境保护的关系，促进人口、资源、环境的和谐共生，打造一个既富有经济活力又具有良好生态环境的可持续发展社会。这种模式不仅有助于缓解当前的环境压力，也能为后代子孙留下一个更加宜居、繁荣的地球，真正实现“绿水青山”与“金山银山”的双赢局面。

（三）绿色金融的发展现状

改革开放无疑是我国走向世界舞台的关键步骤，它释放了巨大的经济潜能，但快速的工业化进程也带来了环境挑战，凸显了传统发展模式的局限性。面对这一现实，绿色金融作为连接经济发展与环境保护的桥梁，正逐渐成为重塑增长路径的核心力量。在经济新常态下，“三去一降一补”（去产能、去库存、去杠杆、降成本、补短板）政策标志着我国经济从追求规模转向注重质量，其中“绿色金融”与“环境治理”理念的融入，旨在实现经济效益与生态效益的双重提升。

绿色金融不仅承载着金融的基本功能，还肩负着推动可持续发展的使命。它促使金融机构在投资决策中考虑环境影响，通过绿色信贷、绿色债券等工具，引导资金流向清洁技术、可再生能源和生态保护项目，从而促进产业结构优化升级。然而，绿色金融的推进并非坦途，其外部性特征与潜在风险意味着，要充分调动市场参与者的积极性，需要政府、企业和社会多方面的共同努力。

从宏观调控的角度看，政府在绿色金融领域的角色至关重要。通过出台激励政策、提供财政补贴、建立绿色信用评级体系等方式，政府可以有效降低绿色项目的融资成本，吸引社会资本投入环保领域。同时，鼓励科研机构加大技术创新力度，提高绿色技术的成熟度和应用范围，也是推动绿色金融深化发展的关键。此外，优化开放政策，引进国际先进技术和管理经验，加强国内外绿色金融市场合作，将进一步加速我国绿色金融体系的完善和国际化进程。

第三节　绿色金融与社会责任投资

一、社会责任投资

（一）社会责任投资的理论框架

1. 社会责任投资的内涵

（1）社会责任投资的定义

社会责任投资（Socially Responsible Investing，SRI）作为一种投资理念，其核心在于平衡财务回报与社会及环境责任，这与单纯追求股东利润最大化的传统投资观形成了鲜明对比。尽管在定义和实践上存在多样性和争议，但美国社会责任投资论坛（The Forum for Sustainable and Responsible Investment，SIF）提出的定义——将消极筛选（排除不符合伦理或道德标准的行业，如烟草、武器制造）与积极筛选（优先考虑那些在社会、环境、可持续性和企业社会责任方面表现优异的公司）相结合，被广泛接受为一种权威视角。

我们赞同这种定义，并认为社会责任投资代表了对传统投资策略的深刻拓展。它不再仅仅关注股东的短期利益，而是将视野扩大到所有利益相关者，包括客户、员工、供应商乃至整个社区和环境。通过这样的多维度审视，社会责任投资实际上开启了一个全新的价值评估框架，它要求投资者深入了解和评估公司的社会和环境表现，而非仅限于财务指标。

社会责任投资的过程可以被视为一个基于多元利益相关者模型的价值发现之旅。这意味着投资者在决策时，不仅要考虑企业的盈利能力，还要综合考量其对社会和环境的正面影响。这种理念并非要颠覆传统的投资逻辑，而是倡导在其基础上进行必要的补充和完善，促使投资行为更加全面、负责任，最终推动形成一个既可持续又公正的市场经济体系。通过这种方式，社会责任投资不仅能够促进企业的长期稳健发展，还能为建设更健康、更绿色的社会环境贡献力量。

（2）社会责任投资的两大特征

社会责任投资展现出了与传统证券市场操作截然不同的两大特征。首先，它超越了单纯追求短期财务回报的局限性，将投资决策架构在一个更为广阔的责任框架之上。不同于常规投资主要聚焦于被投企业的即时经济效益，社会责任投资强调将公司的社会影响和环保表现作为关键考量因素。这意味着，在评估一家上市公司是否适合作为投资目标时，其在经济、社会以及环境三个维度的表现都将被纳入考量，旨在达成"三重底线"（Triple Bottom Line）的共赢局面，即实现财务、社会和环境层面的共同收益。

其次，社会责任投资的核心理念之一是尊重并体现投资者的个人价值取向和道德偏好。它倡导将社会、环境以及伦理标准融合进投资决策流程中，确保投资活动能够与投资者的信念和原则相一致。这样一来，投资行为不再仅仅是追逐利润的工具，而成为一种能够反映并促进个人和社会共同价值观的途径。这种投资模式鼓励人们根据自己的价值观来选择投资标的，从而在获取财务回报的同时，为推动社会正义、环境保护和可持续发展做出贡献。通过将个人信念与投资决策紧密相连，社会责任投资为金融市场注入了新的活力，体现了投资者对于创建一个更加公平、绿色和可持续世界的集体愿景。

2. 社会责任投资的市场主体与投资策略

（1）社会责任投资的市场主体

①社会责任投资基金（SRI Funds）

在当前的投资趋势下，社会责任投资基金已成为推动负责任投资实践的主导力量，尤其是在美国市场，这一领域的发展尤为迅速且多样化。社会责任投资基金覆盖了广泛的资产类别，从股票基金到债券基金，再到货币市场基金，甚至包括收益率基金和平衡型基金，展现了其在社会责任投资领域的全面性和适应性。股票基金允许投资者专注于那些在ESG方面表现卓越的公司；债券基金则倾向于投资那些致力于可持续项目和绿色倡议的发行者；货币市场基金提供了一种短期投资选择，同时筛选出符合社会责任标准的债务工具；收益率基金通常关注那些不仅提供稳定收入流，且积极履行社会责任的实体；而平衡型基金则通过同时持有股票和固定收益证券，追求风险调整后的回报，同时保持对社会责任的承诺。这些基金形式的多样性反映了社会责任投资市场的成熟度，以及投资者对于结合财务回报与正面社会影响日益增长的需求。

②专户理财账户

在社会责任投资的广阔领域中，除了广泛认知的社会责任投资基金，还存在着一种更为定制化的产品——社会筛选的分类账户（Social Screened Separate Accounts），这为寻求高度个性化投资策略的高净值个人及机构投资者开辟了新的道路。此类账户实质上是一种定制化的投资组合管理服务，它超越了传统基金的标准化框架，直接响应投资者独特的价值观和使命感。通过精心挑选符合特定ESG标准的证券，社会筛选的分类账户能够确保投资组合精准地映射投资者的核心信念，无论是对可再生能源的承诺，还是对性别平等的倡导。这种量身定制的方式不仅提供了更深层次的透明度和控制权，还使得投资者能够在追求财务目标的同时，坚守其道德立场和社会责任感，从而在财富管理和价值实现之间建立起更加紧密的联系。

（2）社会责任投资的投资策略

①社会筛选（Social Screening）

社会筛选作为一种投资策略，其核心在于依据社会、环境与伦理考量对潜在投资对象进行精细甄别，旨在构建既体现投资者价值观又能追求稳健回报的资产组合。这一过程通常被细分为两种模式：消极筛选与积极筛选，二者虽路径迥异，却都致力于强化投资决策中的社会责任感。

消极筛选，亦称排除性筛选，是最直观的筛选方式之一，它明确划定界限，将那些涉足烟草、武器制造、化石燃料开采等争议行业，或是存在严重环境破坏、人权侵害记录的企业排除。通过这种方式，投资者能够有效规避与自身价值观相悖的投资标的，确保资金流向不会间接支持不道德或有害社会的行为。

相比之下，积极筛选则采取了一种更为前瞻性的视角。它不仅仅局限于剔除不良案例，而是主动寻找并投资于那些在可持续发展、公司治理、社会贡献、环境保护等方面展现出卓越成就的企业。这种方法鼓励了正面行为，促进了整个行业的进步，同时，由于其评估标准涵盖了经济、环境、社会三大维度，因此能够提供更为全面的企业绩效视图。在实践中，积极筛选往往遵循一套系统流程：首先确定目标市场，通常以某一基准指数作为参照；随后，运用一系列 ESG 指标评估候选公司的社会表现；接着，结合传统财务分析，检验企业的盈利能力与经营状况；最后，基于综合评价调整投资组合，力求在保持原指数特征的同时，融入 ESG 因素的影响。

积极筛选因兼顾了财务健康与社会影响的双重考量，在国际上受到了机构投资者的普遍青睐，被视为社会责任投资领域的优选策略。通过这一机制，投资者不仅能够避免道德风险，还能在推动企业践行更高标准的社会责任中扮演关键角色，最终实现财务收益与社会价值的双赢局面。

②股东请愿（Shareholder Advocacy）

股东请愿作为提升企业社会责任与推动可持续发展的有力工具，其核心体现在股东对话、提交股东决议及代理投票这三种互动形式上。作为企业所有者，股东利用这些手段向管理层表达关切，倡导变革，促使企业在运营中更加注重社会福祉与环境保护。尽管社会责任投资基金的传统焦点在于筛选策略，即通过排除或纳入特定类型的公司来构建投资组合，但近年来，越来越多的基金开始采纳更为主动的参与策略，即股东请愿，以此促进企业社会责任实践和社区的可持续发展。

股东对话是一种直接沟通渠道，允许投资者就广泛的议题与公司管理层展开交流，包括但不限于公司战略、业绩、环保举措、薪酬结构以及对待社会责任的态度。通过持续的沟通，股东能够深入了解企业的实际运作情况，并施加压力，鼓励公司采取更加负责任的商业行为。

提交股东决议则是另一种强有力的参与方式，股东可通过此途径在年度股东大会上提出正式提案，聚焦于社会、环境或其他重大治理问题。虽然这些提案未必总能获得通过，但它们能够引起公众和媒体的关注，迫使公司对相关议题做出回应，有时甚至会促成实质性的政策调整。

代理投票则是指股东在无法亲自出席股东大会的情况下，委托他人代表自己行使投票权。通过精心策划的代理投票，社会责任投资者能够联合起来，就关键议案投出具有影响力的一票，从而影响公司的决策方向。

③社区投资（Community Investment）

社区投资作为一种旨在填补传统金融体系覆盖盲区的创新模式，致力于为那些长期面临融资难、服务少困境的地区注入新的活力。这一投资策略的核心在于，通过直接资金投入，特别是借助社区发展金融机构（Community Development Financial

Institution，CDFI）的力量，为低收入及边缘化社区提供必要的信贷、资本和其他基础银行服务。CDFI 涵盖了多样化的机构类型，包括社区发展银行、信用合作社、贷款基金以及风险投资基金，它们共同构成了一个专注于社会包容性金融的网络。

社区投资的实践证明，它不仅是解决金融排斥问题的有效手段，也是促进经济正义和提高社会凝聚力的重要工具。通过赋能弱势社区，CDFI 帮助构建了更加均衡的经济格局，让金融成为推动社会进步的积极力量。

（二）对我国社会责任投资的政策建议

1. 监管部门加强政策扶持

（1）完善社会责任信息披露制度

我国在社会责任信息披露领域的进步彰显了国家对可持续发展和企业公民责任的高度重视。随着越来越多的企业自觉地发布社会责任报告，这一领域呈现出显著上升的趋势。尽管企业内部的觉醒意识是推动这一进程的关键动力，但不容忽视的是，政府的引导、非政府组织的倡导、媒体的监督等多方面的协同作用同样至关重要，它们共同营造了一个有利于社会责任报告蓬勃发展的生态环境。

为了进一步提升社会责任报告的质量与影响力，政府应当持续激励上市公司将社会责任报告的发布纳入日常运营，形成常态化的披露机制。在此过程中，确保报告内容的深度与广度，使之成为社会责任投资者可信赖的决策依据，显得尤为重要。鉴于当前国内企业在社会责任报告编制上存在的差异性，以及遵循国际标准并获得第三方审核的报告稀缺现状，有必要推广全球报告倡议组织（Global Reporting Initiative，GRI）的可持续发展报告指南，以此作为提升报告编制水准的参照蓝本。

长远来看，结合我国特有的经济与社会背景，制定一套本土化且与国际接轨的社会责任报告编制准则，将是推动国内企业社会责任实践走向成熟的必由之路。此外，鼓励企业引入第三方审计，不仅能增强报告数据的可靠性和透明度，还能有效提升企业的社会公信力，从而为社会责任投资领域提供更为坚实的信息支撑和分析依据。通过这些举措，我国有望构建一个既反映企业社会责任实践，又能满足投资者需求的高质量报告体系，引领企业向着更加负责任和可持续的发展方向迈进。

（2）对社会责任投资产品发展等方面的具体支持

为了加速社会责任投资在我国的普及与发展，构建多元化的投资生态显得尤为关键。首要之举是鼓励证券交易所与专业指数编制机构开发社会责任指数，此举不仅能够提供直观的绩效对比，便于社会责任投资策略与传统投资模式的效果衡量，同时能为市场参与者，尤其是基金公司，提供清晰的投资导向，有助于他们设计并推出追踪此类指数的金融产品，从而激发上市公司对社会责任的更深层次承诺。

监管层面对社会责任投资的政策倾斜同样不可或缺，通过为相关主题的公募基金、信托产品等提供审批绿色通道，我们可以显著加快这类创新金融工具的市场准入速度，为投资者提供更多样化的选择。同时，对于那些产品线丰富、资产管理规模庞大的基金公司，设定一定比例的社会责任投资配额，不仅能够促进资本流向更具社会价值的项目，还能通过行业指导政策的实施，引领整个金融市场向着更加负责任的方向演进。

此外，将社会责任投资理念融入基金评估体系，对积极参与社会责任投资的基金给予更多的市场曝光和评级中的特殊标识，不仅能够提升公众对社会责任投资的认知，还能够激励更多基金管理者将社会责任因素纳入其投资决策过程。通过上述措施的综合运用，我国不仅能够构建起一个健康、可持续的投资环境，还能在全球范围内树立起负责任投资的典范，推动经济社会的全面进步。

2. 银行应为社会责任投资与可持续发展提供重要支持

我国金融体系的核心特征是以间接融资为主导，其中银行扮演着至关重要的角色，为企业提供了超过80%的融资需求。鉴于此，商业银行作为社会资金流动的关键节点，具有强大的资源配置能力和广泛的社会影响力，理应成为推动社会责任投资的先锋。在这一进程中，绿色信贷被视为商业银行践行社会责任投资的有力载体，它不仅是金融机构促进经济与环境和谐共生的有效途径，也是实现可持续发展目标的关键抓手。

在绿色信贷的实践框架下，商业银行需构筑严格的环境标准和准入机制，以此阻断向高能耗、高排放行业提供不当资金支持的渠道，遏制其非理性扩张。与此同时，银行应积极响应国家的绿色经济导向和产业调整政策，主动向致力于环保技术研发、污染治理设施建设、生态环境保护与修复、清洁能源开发以及循环经济模式探索的企业和组织倾斜信贷资源，辅之以优惠利率等激励措施。此举不仅能有效刺激这些领域的成长，还能显著提升其市场地位和竞争实力，进而带动整个社会经济结构向低碳、高效、可持续的方向转型升级。

二、基于社会责任投资理论的绿色债券投资者建设

（一）我国绿色债券发展的难点解析：绿色债券投资者缺失

在资本市场的广阔图景中，投资产品的生命力源自三大支柱——发行人、投资者与市场投资配套环境的协同作用。国际绿色债券市场的发展路径彰显了市场自发性和主体驱动的力量，绿色债券的供需双方——绿色投资者与发行人，共同塑造了市场生态，促进了相关配套机制的成熟和完善。相比之下，我国的绿色债券市场起步之初更多地依赖于政府自上而下的推动，虽然这有助于快速扩大市场规模，但在一定程度上忽视了培育本土绿色投资者群体的重要性，导致市场配套环境的发育滞后于市场需求。

从宏观视角审视，这种模式可能产生负外部性，影响社会整体福祉。为了优化这一状况，需要推进绿色债券市场的市场化进程，鼓励绿色项目实施企业直接面向市场发行债券融资，以市场力量激活绿色金融的潜力。这一转型要求三方面同步进化：发行人需提升绿色项目的透明度和吸引力；配套环境要建立健全法规标准，降低交易成本，提高市场效率；投资者则需深化对绿色债券的理解，增强风险识别与价值评估能力，勇于直接参与绿色投资。

在这三重变革中，投资者的转变尤为挑战重重。发行人和配套环境的改善往往可通过政策指导和规则调整迅速见效，而培养一群成熟、专业且愿意直接投身绿色债券

市场的投资者，则是一项长期而系统的工程，需要教育普及、信息透明化以及实践经验的积累。唯有当投资者群体壮大，理解并认同绿色债券的价值时，才能激发市场的内在活力，确保绿色金融生态的健康持续发展。

（二）社会责任投资理论对绿色债券投资的借鉴意义

我国应审时度势，积极培育绿色债券投资者，加快绿色债券的投资进程。企业社会责任投资理论对于培育绿色债券投资者具有一定的借鉴意义。

1. 社会责任投资理论视角下的投资筛选策略分析

社会责任投资作为一种融合了财务回报与社会价值的投资理念，其参与者涵盖个人投资者与各类机构，投资领域横跨股票、债券乃至借贷市场。其核心筛选机制聚焦于经济、可持续发展、法律及伦理道德等多元维度，旨在运用市场机制激励企业提升社会责任表现，优化生态环境，增进社区福祉，提高低收入群体的生活质量，同时拓宽投资者的资产配置选项，构建多方共赢的局面。

绿色债券作为社会责任投资的重要组成部分，不仅承袭了社会责任投资的核心精神，更在环境议题上专精发力，通过明确的资金用途导向，支持清洁能源、污染防控、生态修复等绿色项目，从而在金融市场中树立起可持续发展的标杆。借鉴社会责任投资的原则，绿色债券的发行与管理标准可进一步细化，确保资金流向真正服务于环境和社会的双重目标。

在实践操作层面，社会责任投资策略主要包括社会筛选、股东请愿与社区投资三个方向。社会筛选策略通过设定正面和负面清单，结合财务与社会绩效标准，精准定位投资标的，促进企业行为向善。股东请愿赋予投资者直接干预企业决策的权力，特别是围绕社会和环境议题，倡导企业履行更广泛的社会责任。社区投资则着眼于基层，通过社区发展金融机构为边缘群体提供金融支持与服务，助力地方经济发展与社会和谐。

2. 社会责任投资的筛选理论作用于绿色债券投资的传导机制

社会责任投资是一种融合了道德考量与经济效益的投资方式，它促使投资者超越单纯追求利润的局限，转而关注投资活动对社会和环境的长远影响。在绿色债券领域，这种投资动机尤为明显，投资者不仅追求资产增值，还渴望通过资金配置促进环境友好型项目的发展，如可再生能源、节能减排技术等，从而达成经济效益与社会责任的和谐统一。

社会责任投资的核心在于正负筛选机制，它允许投资者依据个人或机构的价值观，排除那些与之相悖的产业，同时优先考虑那些致力于可持续发展、社会正义和环境保护的企业。这种投资选择不仅反映了投资者对社会责任的承诺，也体现了他们对构建一个更加公正、绿色世界的愿景。尽管这可能意味着接受相对较低的财务回报，但社会责任投资者从中获得的道德满足感和对社会进步的贡献感，却是传统投资模式无法比拟的。

此外，投资者的集体行为，尤其是当他们基于共同的社会责任理念做出投资决策时，可能会引发市场的“羊群效应”。这种效应不仅增强了投资者间的相互影响，还迫使企业更加重视自身的社会责任表现，以吸引和保留这些注重社会价值的投资者。企业因此调整战略，更加注重环保、公平贸易和社会公益，从而有助于塑造一个更加负责任、可持续的商业环境。

（三）基于社会责任投资理论的绿色债券投资者建设策略

1. 正筛选策略及其实现方式

在社会责任投资理论的引领下，正筛选策略被广泛应用于绿色债券的设计之中，旨在精准识别并支持那些在环保方面表现出色的公司。通过巧妙地将债券产品与碳权、排污权等环境权益相结合，不仅能够激活企业的绿色资产，还能为投资者创造额外的收益机会，同时推动市场管理机构深化对债券市场与碳交易市场的整合与监管，从而构筑一个多维度共赢的生态系统。

对于那些在环保绩效上领先的公司而言，这种创新性的债券结构意味着它们的碳资产可以得到有效利用，转化为实实在在的财务优势，进而吸引更多注重可持续发展的投资者。相反，环保标准未达标的公司则面临着双重挑战：一方面难以吸引绿色资金，另一方面需承担因碳排放超标带来的经济处罚。这促使它们不得不加大对环保设施的投入，以期达到市场要求。

绿色债券与排污权等环境权益的结合，通过市场化的激励机制，有效驱动企业提升环保水平，同时为投资者开辟了一条潜在高回报的路径。然而，这一理想图景的实现离不开一套健全的制度体系作为支撑，包括但不限于清晰的环境权益界定、透明的交易规则及强有力的执行与监督机制。只有当这些基础条件得以完善，绿色债券才能真正成为连接资本力量与环境保护行动的桥梁，引领我们迈向一个更加绿色、可持续的未来。

2. 负筛选策略及其实现方式

在社会责任投资的框架下，负筛选策略作为一种关键的工具，使投资者能够主动排除那些可能对社会和环境造成负面影响的公司，避免无意间为损害生态环境的行为提供资金支持。投资绿色债券，特别是那些明确致力于环境改善项目的债券，不仅能够帮助投资者远离那些在环保层面表现不佳的企业，还能够在当前国家环境政策趋严、执法力度加大的背景下，有效规避潜在的经济风险。

近年来，随着政府对环境保护的高度重视，任何企业在环保合规方面的疏忽都可能招致严厉的法律制裁，从而对投资者造成严重的财务损失。因此，精明的投资者必须深入“挖掘”目标公司的环境信息，将其视为投资决策过程中的重要考量因素。绿色债券是专门为环保项目融资而设计的金融工具，其发行往往伴随着严格的审查流程，涉及第三方审计、评级机构以及监管机构的多重监督，以确保募集资金专款专用，且符合环保及社会责任的标准。

通过参与绿色债券市场，投资者不仅能够获得由专业机构提供的详尽环境影响评估报告，还能享受到由多方参与的透明度和问责制所带来的安心感。这一体系不仅促进了企业社会责任的公开披露，还构建了一个有效的筛选机制，帮助投资者识别并选择那些真正致力于可持续发展、具有良好环保记录的优质企业，从而在保障投资安全的同时，为全球的绿色转型贡献力量。

3. 政府在绿色债券投资者建设中应发挥积极的作用

（1）加强引导基金的建设，化解绿色债券经济效益与社会责任矛盾

培育负责任的投资者群体，使之成为自觉推动社会进步与环境保护的中坚力量，是一项系统工程，需要时间与耐心，无法一朝一夕达成。面对绿色债券市场初期经济效益与社会责任之间存在的张力，短期解决方案往往需要政府的积极介入与支持。在此背景下，引导基金扮演着至关重要的角色，它们由政府财政主导，结合金融机构、社会资本等多渠道资金，共同构建起一个非盈利性的投资平台。

这些基金通常采取灵活多样的投资方式，包括但不限于股权或债权投资，旨在扶持各类机构的成长，同时通过实施优惠措施，如利息补贴、收益让渡等，激励更多投资者投身于具有长远社会价值的项目中。早年间，引导基金主要聚焦于创业投资领域，但随着政府政策导向的多元化，其功能与范围亦随之扩展，衍生出服务于科技成果转化、股权投资、绿色经济等不同领域的专项基金。

特别是在绿色债券领域，政府应当强化绿色投资引导基金的建设，通过提供贴息、让利等激励手段，有效减轻投资者因追求社会责任而可能遭遇的财务压力，从而缓解经济效益与环保责任之间的内在冲突。此举不仅能激发市场活力，鼓励更多资本流向绿色项目，还能逐步构建起一个良性循环的绿色金融市场生态，为实现可持续发展目标注入强大动力。通过政府与市场的合力作用，绿色债券将不再仅仅是道德投资的选择，而是兼具经济效益与社会影响力的智慧投资路径。

（2）减少信息不对称，完善绿色债券市场投资环境

为了优化绿色债券的市场投资环境，确保正向激励与负向约束机制的有效运作，政府需采取一系列综合性措施。首先，应着力完善信息披露体系，推动企业不仅在常规财务报告中融入环保绩效，而且通过专门的环境报告定期或按需更新其绿色实践详情。更重要的是，建立一个信息共享平台，确保环保监管机构、工商管理部门、金融机构及广大投资者能够迅速、便捷地访问到这些关键数据，促进市场透明度与效率。

其次，强化中介机构的角色，提升第三方评估与认证的权威性。通过确立统一的信息披露标准，对企业的环保报告进行严格审核，增强数据的准确性和可信度。这不仅有助于投资者做出更加明智的决策，也为企业提供了展示其绿色承诺的公正舞台。

最后，政府应致力于构建健全的市场机制，如碳交易体系，为绿色债券投资者提供一个评估风险与回报的量化框架。当市场参与者能够基于充分的信息进行理性分析时，政府便可以适时出台奖惩措施，对那些真正履行环保责任的企业给予正面激励，而对违反规定者施加必要的制裁，以此维护市场的公平竞争与持续发展。

（3）加强环境和绿色观念引导，全面推进绿色教育

我们正处于一个科技赋能的时代，利用大数据分析、物联网以及先进的无线通信技术，能够将环保意识无缝嵌入日常生活的各个角落。这种无痕式的教育方式，能够

通过智能设备和网络平台在用户不知不觉中传播绿色生活方式的重要性，从而在全社会范围内逐步构建起深厚的环保文化根基。

进一步讲，绿色教育应当聚焦于实效，以成果为导向，而非仅仅停留在理论层面。通过设计互动性强、反馈机制完善的教育活动，激发公众的参与热情，鼓励他们将学到的绿色知识转化为实际行动。特别是针对绿色投资与责任投资的宣传教育，旨在塑造一种推崇可持续金融的社会风气，引导更多个人和机构成为绿色债券的忠实投资者。

第三章　绿色金融产品与服务创新

第一节　绿色信贷产品与服务创新

一、绿色信贷概述

绿色信贷是一种创新性的金融工具，它由银行及金融机构专门为那些致力于环境改善或减少生态足迹的企业和项目提供资金支持。通过提供优惠的贷款条件，如更低的利率或更灵活的还款期限，绿色信贷旨在激励企业和个人采取更加环保的商业实践和生活方式。其根本目的在于将环境考量和社会责任融入传统的金融决策框架内，促使整个社会系统性地关注并主动承担环境保护的责任。

绿色信贷的推行，不仅强化了金融行业在促进可持续发展方面的作用，也为那些寻求在绿色经济领域拓展业务的实体提供了必要的资本。它通过筛选和优先考虑那些能够证明其对环境有正面影响的投资项目，帮助资金流向更为清洁、低碳和资源高效利用的领域。这种做法不仅有助于缓解气候变化和环境污染问题，还促进了经济增长模式的转型，使其向着更加绿色、包容和可持续的方向迈进。

（一）绿色信贷的基础

绿色信贷作为传统信贷理念的延伸，代表了金融机构深化参与和支持可持续发展目标的新路径。在广义上，信贷体现的是基于信任的经济纽带，其中资金的所有权被暂时转移给借款人，以换取未来的偿还和利息，这一过程促进了资源的有效分配和经济增长。而绿色信贷则是在此基础之上，通过评估借款方的环境绩效和绿色承诺，来决定贷款的发放及其条件，旨在引导资金流向那些有利于环境保护和生态平衡的项目。

在金融市场的运作中，信贷机制是将储蓄转化为投资的关键渠道，它不仅帮助资金充裕者找到收益机会，也为资金需求者提供了必要的资本支持。在此框架下，绿色信贷进一步强调了信贷活动的社会责任和环境效益，通过设定更为严格的绿色标准，确保信贷资金优先服务于绿色经济、低碳技术和循环经济等领域，从而在推动经济增长的同时保护和改善了生态环境。

总之，绿色信贷是金融机构在传统信贷业务中融入绿色发展理念的创新实践。它不仅关注经济效益，更重视环境影响，通过优化信贷结构和提高绿色项目的融资便利度，促进经济的绿色转型，实现金融与环境的和谐共生。这一模式不仅有助于降低整体的环境风险，还能够激励更多企业采纳绿色实践，共同推进可持续发展目标的实现。

（二）绿色信贷的表现形式和产品

首先，银行机构在贷款审批流程中嵌入环境风险评估，对不符合环保法规的项目实行限制性信贷政策，如延迟放款、暂停贷款或提前回收，以此强化企业对环境合规性的重视，防止对自然环境造成损害。

其次，绿色信贷通过灵活的信贷工具积极扶持绿色项目，例如对节能环保项目提供优惠的贷款利率、增加贷款额度、延长还款期限或提供特定类型的贷款产品，以激发企业投资于清洁能源、节能减排和生态保护等领域的积极性。

最后，绿色信贷亦致力于通过信贷手段推动企业践行绿色发展战略，这包括鼓励企业承担环境与社会责任，主动预防环境风险，以及优化运营模式以减少负面影响，进而降低潜在的经营风险。

绿色信贷产品覆盖了广泛的市场领域，对于大型企业，主要通过项目融资的形式，结合绿色审核标准和环保法律要求，给予一定的政策优惠，鼓励大型绿色项目的实施。而对于个人消费者、家庭及中小型企业，则设计了诸如绿色汽车贷款、绿色信用卡、绿色住房贷款、绿色商业贷款等一系列零售产品，这些产品不仅满足了客户日常的金融需求，也潜移默化地推广了绿色生活和可持续发展的理念。

以下列举了国际上较具代表性的绿色信贷产品和服务，以供参考（表3－1）。

表3－1　国际绿色金融市场中较具代表性的绿色信贷产品与服务

<table>
<tr><th>绿色信贷
产品或服务</th><th>金融机构</th><th>产品或服务内容</th></tr>
<tr><td rowspan="5">住房抵押贷款业务</td><td>荷兰银行</td><td>以政府为主导的绿色抵押贷款计划，可以为符合环保标准的抵押贷款减息1%</td></tr>
<tr><td>加拿大帝国商业银行</td><td rowspan="2">若客户贷款用以购买节能住房或对住房进行节能改造，则对抵押贷款保险费提供10%溢价退款以及最长35年的延期分期付款</td></tr>
<tr><td>加拿大蒙特利尔银行</td></tr>
<tr><td>澳大利亚本迪戈银行</td><td>推出了绿色房屋贷款，可以为符合区域要求的最低环境标准的住户安装特定节能减排装置，向改造的住房提供低利率贷款，贷款减息1.1%，且不收取月服务费</td></tr>
<tr><td>加拿大温哥华
城市银行</td><td>推出了家庭能源贷款，可以为节能升级装修房屋的家庭提供贷款，个人贷款的最高利率为1%，且延期分期付款最高长达15年</td></tr>
</table>

续表

绿色信贷产品或服务	金融机构	产品或服务内容
房屋净值贷款业务	花旗银行	若客户贷款用于购买或安装住房的太阳能设备，则为客户提供房屋净值贷款融资方案
绿色信用卡	美国银行	持有美国银行绿色信用卡的用户能够将该卡的积分奖金捐献给投资温室气体减排的组织或项目，也可以用积分兑换绿色商品，为绿色发展提供支持
	荷兰合作银行	该银行会根据用户使用气候信用卡购买的产品或服务的节能强度，按比例为世界自然基金会提供捐款
	英国巴克莱银行	该银行发行的呼吸卡能够在用户购买绿色产品和服务时提供优惠以及较低的借款利率，其中的50%信用卡利润会被用于资助全球减排项目
	汇丰银行	用户可以凭借绿色信用卡积分兑换环保礼品，并捐出绿色信用卡签账额的0.1%用于绿色学校屋顶计划
绿色汽车消费贷款	加拿大温哥华城市银行	推出了清洁空气汽车贷款项目，能够为所有低排放汽车车型提供优惠利率
	澳大利亚本迪戈银行	推出了个人绿色汽车贷款，购买每千米排放低于130克二氧化碳的A级车辆的用户可享受固定利率6.79%（一般利率为7.21%）的贷款，同时为用户提供在线能源认证顾问
绿色能效贷款	美国新能源银行	与光伏技术供应商合作推出了一站式融资项目，为安装太阳能光伏设备的个人用户提供融资
	花旗银行	与光伏技术企业签署了联合营销协议，若用户购置民用太阳能技术，则给予便捷的融资服务
废弃物再生能源融资项目	爱尔兰银行	该银行是废弃物再生能源项目融资的总协调银行，绿色融资项目的贷款最长为25年期，以项目与政府或支持非契约废弃物的企业等签订的废弃物合同为基础
清洁能源融资项目	荷兰合作银行、富通银行、渣打银行、法国巴黎银行	多个银行推出了面向清洁能源项目的长期投资项目。比如，有些银行专门面向一种或多种可再生能源技术推出了融资服务，并鼓励与采用清洁技术的国家进行合作，兼有较为完善的清洁能源监管体系

二、绿色信贷的主要内容和作用

（一）绿色信贷的主要内容

绿色信贷作为金融领域推动可持续发展的关键机制，兼具绿色资本供给与绿色资本配置的双重功能，其核心在于绿色信贷政策与创新绿色信贷产品的双轮驱动。绿色信贷政策构筑了金融机构在开展绿色金融活动时必须遵守的框架，涵盖了国家法律、行业规范、监管指导等多个层面，旨在确保信贷资源流向真正有益于环境保护与生态建设的项目。通过将环境与社会风险评估融入信贷决策的全过程，从项目筛选到资金发放再到后期监控，绿色信贷政策力图打造一个闭环管理体系，以实现绿色金融实践的系统化与规范化。

与此同时，绿色信贷产品作为政策落地的直接载体，为各类绿色项目提供了定制化的融资解决方案。金融机构通过创新设计，推出了一系列特色鲜明的绿色金融工具，如绿色债券、绿色基金、绿色保险以及各种针对特定绿色产业的信贷方案。这些产品不仅能够满足不同规模、不同行业的绿色项目融资需求，还能借助利率优惠、补贴激励、灵活的还款安排等措施，显著降低绿色项目的融资成本，提升其市场竞争力。

此外，金融机构积极探索绿色信贷与科技融合的新路径，利用大数据、人工智能等技术优化风险评估模型，提高绿色信贷的精准度与效率，进一步激发市场活力，促进绿色经济的繁荣与发展。总之，绿色信贷政策与产品相互配合，共同构成了推动经济社会绿色转型的强大动力，为构建人与自然和谐共生的现代化社会奠定了坚实的金融基础。

（二）绿色信贷的主要作用

绿色信贷体系凭借政策与产品的双重杠杆效应，有效地调节了资本流动方向，促进了经济社会的绿色转型。绿色信贷政策作为体系的指挥棒，能够对资本配置进行精准调控，一方面设立“红绿灯”，即通过制定严格的环境和社会标准，限制对高污染、高能耗项目的资金支持，避免信贷资源被用于可能破坏生态环境或违背可持续发展原则的活动；另一方面，政策也发挥着“导航仪”的角色，通过实施利率优惠、税收减免、风险补偿等激励措施，增强绿色项目和企业的融资吸引力，促使资本自然而然地流向清洁能源、节能减排、生态保护等领域，从而培育出市场的绿色偏好。

绿色信贷产品则是绿色信贷政策在市场中的具体实践，它以多样化的产品形态，如绿色债券、绿色基金、绿色信贷专项计划等，为符合条件的绿色项目提供量身定制的金融服务。通过严格的绿色信贷标准审查，确保每一份信贷资金都能投向真正符合环保要求的项目，进而实现资本的绿色化供给。这些产品不仅丰富了投资者的选择，还促进了绿色技术和项目的创新与应用，加速了绿色经济的发展步伐。

三、合理推动绿色信贷产品创新的建议

（一）调整绿色信贷调控方式，营造良好的金融创新环境

在绿色信贷调控策略的构建中，市场化间接手段的运用显得尤为重要，其旨在通过灵活的金融工具引导市场行为，而非直接干预信贷决策。首先，在利率调控上，适时调整存贷款基准利率，能有效控制信贷扩张的速度，提高借贷成本，促使贷款需求

自我调节。随着利率市场化的深入，健全的货币市场基准利率体系将成为中央银行施行政策的关键抓手，灵活运用公开市场操作，可以精准调节市场利率，从而更好地服务于宏观经济目标，实现资源的有效配置。

其次，公开市场操作与存款准备金制度的结合使用，为银行体系的流动性管理提供了有力工具。央行可以通过买卖政府债券、调整存款准备金率等手段，直接影响金融机构的资金成本和可贷资金量，进而调控信贷规模，确保金融系统的稳定运行。

在汇率管理方面，鉴于外汇流入对货币供应的影响，建立一个更加市场化的汇率形成机制至关重要。这意味着要逐步增强人民币汇率的灵活性，让市场供需关系成为决定汇率的主要力量。同时，要维持汇率的基本稳定，防止汇率大幅波动引发的金融风险。

此外，宏观审慎监管的引入对于防范系统性金融风险具有不可替代的作用。传统的微观监管虽然能够监控单个金融机构的风险状况，但在面对全局性的金融动荡时显得力不从心。因此，需要构建一套宏观审慎框架，包括但不限于强化资本充足率要求，优化风险评估模型，以及实施逆周期的资本缓冲政策，以期在信贷繁荣时期积累足够的缓冲空间，抵御未来的不确定性和潜在危机。

（二）金融机构要切实推动信贷产品实质性创新

绿色信贷调控机制在推动金融创新的同时，也对创新产品实行了差异化管理，旨在促进那些真正有益于环境与经济双重效益的金融工具的发展，而对那些仅有表面包装、实则规避监管的所谓“绿色”产品则加以限制。确保绿色信贷产品实质创新的关键在于激发金融机构的内在创新动力，以及明确创新的核心价值所在。

首先，金融机构应当基于自身的战略规划与市场需求，主动寻求绿色信贷产品的创新突破。这种创新不应仅仅是对现有产品的微调，还要在服务模式、产品设计或是风险管理等方面实现对传统做法的根本性超越，以满足客户的特定环保或绿色转型需求。即便最初受到外部压力如监管要求的驱动，金融机构也应逐渐将其创新意愿转化为内生动力，确保创新活动的持续性和有效性。

其次，绿色信贷创新必须触及产品本质，而非简单地改变产品外观或名称。例如，尽管表外业务如委托贷款、信托贷款和理财产品看似与传统贷款有所区别，但如果它们在风险承担、资金回收与管理上并未实现真正的分离，那么这些“创新”就缺乏实质意义。为了防止此类现象，金融机构在设计新产品时，应清晰界定各参与方的职责与风险，确保创新不仅体现在形式上，更重要的是体现在责任分配、风险控制和价值创造等方面，这样才能真正推动绿色金融市场的健康发展。

（三）金融机构要合理优化信贷创新产品资金投向

绿色信贷调控政策的实施，不仅体现了对绿色经济发展的支持，还彰显了其在结构调整中的引领作用。在这一背景下，创新绿色信贷产品时，应着重考量中小企业、“三农”，以及消费市场的需求，这三个领域因其独特性与重要性，成为了绿色信贷创新的前沿阵地。

对于中小企业而言，绿色信贷创新需聚焦于丰富担保物品种类，结合强有力的信用评估体系，打造贴合中小企业融资周期短、额度小特性的定制化信贷产品，以解决其资金周转难题。这既有助于缓解中小企业的融资难问题，又能促进绿色经济的多元化发展。

在“三农”领域，绿色信贷创新应紧密结合农村经济特性，通过扩展动产和不动产物权的抵押范围，设计符合农业实体需求的融资方案。同时，探索适应农民消费习惯的绿色信贷产品，如小额消费贷款，以支持农村地区的绿色消费与可持续发展。

至于消费市场，绿色信贷创新应着眼于住房、汽车、教育、大额消费品及旅游等关键消费领域。商业银行可通过简化贷款流程、丰富贷款期限选项、强化个人信用评估、合理调整利率、优化担保机制等手段，提升绿色信贷产品的吸引力与市场竞争力，进而引导消费者形成绿色消费习惯，推动社会整体向低碳环保方向迈进。

第二节　绿色债券产品与服务创新

一、绿色债券的概念与特点

（一）绿色债券的概念

国际上对于绿色债券的概念界定存在一定的差异，例如国际资本市场协会在其发布的《绿色债券原则》中，将其定义为一种旨在为能产生环境可持续效益的项目融资的特殊债券工具；而世界银行则将其视为一种专用于为气候或环境相关项目募集资金的债务证券，与传统债券的关键区别在于其资金用途的特定性和环保导向。然而，尽管表述不一，绿色债券的核心本质却十分明确——一种致力于为具备显著环境正向影响的绿色项目提供财务支持的金融产品。

绿色债券的兴起，反映了全球金融市场对于环境保护和可持续发展议题日益增长的关注。它不仅拓宽了绿色项目的融资渠道，而且通过资本市场的力量，促进了对气候变化和生态问题的积极应对。虽然概念上的细微差别反映了不同机构对绿色标准的理解和侧重不同，但它们共同构成了一个旨在推动全球经济向更加绿色、低碳方向转型的金融框架。这一框架下，绿色债券作为重要的融资工具，正逐步在全球范围内获得认可与应用，成为连接投资者与绿色项目之间的桥梁，加速推动着全球可持续发展目标的实现。

（二）绿色债券的特点

绿色债券作为一种创新的直接融资手段，其独特之处在于能够直接链接资金需求方与市场投资者，为后者提供了投资环境友好型项目的机会。这类债券的发行者往往包括那些致力于公共利益的政策性金融机构、政府实体，以及专注于环保、节能减排和低碳技术等绿色经济领域的私营企业。鉴于发行主体通常具备优良的信用资质，绿色债券被赋予了相对稳定的投资回报特性，成为追求稳健收益同时关注社会责任的投资者的理想选择。

绿色债券的另一大亮点在于其高度的透明度和责任性。其所募集的资金被严格限定用于促进可持续发展、减缓与适应气候变化、保护生态环境等特定的绿色项目与产业。这种专款专用的原则，加之详尽的信息披露要求，确保了投资者能够清晰地了解资金的具体流向及其环境效益，从而增强了市场对于绿色债券的信任度和吸引力。整体而言，绿色债券不仅为绿色经济的发展注入了活力，也促进了金融市场与环境保护目标之间的和谐共生。

二、绿色债券的优势和执行标准

（一）绿色债券的优势

绿色基础设施项目，因其固有的长期性质，往往面临与传统商业银行业务模式之间的矛盾。商业银行倾向于追求短期流动性和快速回报，这与绿色项目较长的投资回收期形成鲜明对比，导致此类项目在传统信贷市场上遭遇融资难题。然而，绿色债券的出现，为这一困境提供了突破性的解决方案。

绿色债券具有中长期融资属性，平均期限覆盖 5 至 10 年甚至更久，完美契合了绿色基础设施项目的需求。这种匹配不仅有助于缓解期限错配的压力，还为项目的持续发展提供了稳定的资金来源。相较于传统的股权融资，绿色债券的优势在于能够在维持现有公司治理和收益分配格局的前提下，引入低成本的外部资金。这一特性显著降低了投资者的偿付风险，同时也使得绿色债券成为绿色经济领域内一种高效且广受欢迎的融资工具。

（二）绿色债券的执行标准

在绿色债券的融资机制中，项目识别与筛选技术扮演着至关重要的角色。随着绿色债券支持项目范围的逐渐清晰，认定标准不断细化，操作流程日益成熟，不仅确保了资金流向真正具有环境与社会双重积极影响的项目，还促进了绿色发展的加速推进和绿色标准的广泛传播。

绿色债券募集资金主要投向九大核心领域，包括但不限于节能、污染防治、清洁交通、适应气候变化、可持续自然资源管理、水资源管理、生物多样性保护及生态高效的产品、技术和工艺创新等。这些领域涵盖了绿色经济的广泛维度，旨在全方位促进环境可持续性。

为了增强透明度和公信力，绿色债券的发行方被鼓励征求第三方专业机构的意见，作为独立评估的一部分，以补充内部审查机制。此外，绿色债券市场高度重视信息披露，要求发行人定期公布资金使用情况、项目进展以及环境效益评估结果，确保市场参与者能够充分了解绿色债券的实际影响力。这一系列措施共同构建了一个健康、透明、高效的绿色金融市场，激励更多的资本投入绿色转型的关键领域，共同推动全球经济向低碳、环保的方向迈进。

三、绿色债券产品创新的方向

（一）绿色债券监管制度创新

行业自律在金融监管中扮演着至关重要的角色，它不仅推动了行业的自我管理和自我完善，还促进了金融市场的健康稳定发展。在绿色债券领域，这种自律显得尤为重要，因为它不仅是产品创新的催化剂，还是确保绿色金融实践符合高标准的基石。为了顺应绿色债券产品创新的趋势，基金业监管应当从传统的规范模式向更加鼓励创新的方向转变，特别是在处理如绿色债券这类具有重大战略意义的特殊品种时，监管机构应给予适度的激励和支持。

在当前高度竞争的市场环境下，基金业必须具备创新意识，以满足投资者日益多样化的需求。中国证券监督管理委员会（简称“证监会”）对此有着深刻的理解，其认识到基金行业创新对于整个金融市场发展的决定性影响。因此，证监会一方面致力于完善相关法律法规，另一方面积极推动基金产品创新，通过政策引导鼓励基金公司开发新型产品，从而带动整个行业的创新氛围。

近期，证监会拟出台新管理办法，旨在为现有的多通道审核制度提供坚实的法律基础，同时也为未来的监管改革留出空间。这被视为向基金产品注册制过渡的关键步骤，有望进一步简化和优化基金产品的上市流程。此外，为了更好地保护基金投资者的利益，证监会采取了一系列监管创新措施，包括建立投资者与基金公司员工之间的利益绑定机制，以及推广发起式基金——一种内含约束机制的基金，旨在确保各方利益一致，从而更有效地维护投资者权益。

这些举措体现了监管层面对市场变化的灵活应对和前瞻性思考，既保障了金融市场的稳定，又激发了行业的创新活力，为绿色金融和基金业的持续健康发展奠定了坚实的基础。

（二）绿色债券产品的交易方式创新

尽管绿色债券与股票基金在交易机制上有相似之处，但鉴于债券基金与股票基金固有的差异，某些不适合股票基金的交易特征反而能增强绿色债券的吸引力。开放式基金与封闭式基金在投资者体验、资产流动性、交易规则及管理透明度上的差异，尤其凸显了开放式基金的优势。

开放式基金具备更强的市场监督性和灵活性，赋予投资者更多选择权。若基金表现不佳，投资者可通过赎回来表达不满，而优秀业绩则会吸引更多的资金流入，这种基于市场的奖惩机制能够直接激励基金经理提升业绩，对投资者形成有力保护。同时，开放式基金的流动性更好，因需随时准备赎回，基金经理会配置一定比例的高流动性资产，确保基金资产的整体流动性。此外，开放式基金在管理透明度上更胜一筹，定期的信息披露和每日净值更新，增加了投资者的信任度。加之开放式基金的购买渠道广泛，包括基金公司、证券公司乃至银行网点，大大提升了投资者的便利性。

然而，对于绿色债券这一特定领域，封闭式基金的模式可能更契合某些投资者的需求和市场特性。封闭式基金的固定期限和规模有助于锁定长期投资，可能更适合那些追求稳定回报、关注环境项目长期效益的绿色债券投资者。尽管如此，中国基金业在封闭式与开放式基金的差异化应用方面尚待深化，特别是针对债券型基金的创新交易模式探索。

值得一提的是，交易所交易基金（Exchange Traded Fund，ETF）的兴起，为基金市场带来了革命性的变革。在欧美等成熟市场，债券 ETF 已成为主流基金产品，这一创新模式经受住了市场考验，获得了显著的成功。中国基金业需要借鉴这一经验，开发更多样化的交易方式，以满足绿色债券市场参与者多元化的需求，推动绿色金融领域的创新发展。

（三）绿色债券产品的投资对象创新

近年来，随着债券市场的扩张，绿色债券作为一种新兴的金融工具，其种类和投资范围虽有所拓宽，但在国内市场上，绿色债券的选择仍相对有限，主要集中在金融债、国债、中短期票据、可转换债券及企业债等领域。这种单一的投资品种限制了绿色债券的形式多样性和业绩表现，难以充分响应市场日益增长的绿色投资需求。这反映出中国债券市场在多样性发展上的不足，同时也对绿色债券基金经理的创新能力提出了更高要求。

为应对这一挑战，证监会正着手扩大“证券”的定义范畴，将私募基金、信托产品、券商集合资产管理计划等纳入监管视野，为未来引入更多创新投资品种预留政策空间。此举将极大地丰富基金产品的投资范围，尤其将衍生品纳入其中，将赋予基金经理更多风险管理工具，提高基金产品的风险抵御能力和市场竞争力，为绿色债券产品的创新与发展带来强大推动力。

一旦中国推出利率类国债期货等衍生品，绿色债券市场就将获得更为有效的利率风险管理手段，这将催生新的交易模式和投资策略，促进基金产品特性的多样化，为中国绿色债券市场带来深远影响。

此外，中国绿色债券产品若能进一步接轨国际市场，不仅将提升国内绿色债券行业的投资实力，拓宽投资者的选择范围，也将顺应中国金融市场深化改革开放的趋势。通过放开投资对象，加速与国际市场的融合，中国绿色债券市场将得以快速发展，更好地满足国内外投资者对绿色金融产品的需求，推动绿色经济的繁荣与可持续发展。

（四）绿色债券产品的投资策略创新

全球金融危机不仅重塑了中国基金业的格局，也让投资者经历了一次深刻的市场教育，促使他们对投资理念和策略有了更深入的理解。危机过后，中国金融市场迎来了创新策略投资的时代，保本型基金、指数型基金、生命周期基金以及结构化基金等新型基金产品相继问世，展现了中国基金行业在投资策略上的多元化尝试，这些产品迅速获得了市场的广泛认可。

借鉴国际成熟市场的经验，结合中国资本市场的成长、投资者素质的提升以及金融工具的完善，各类基于创新概念的基金产品如雨后春笋般涌现，它们不仅丰富了投资选择，也为市场带来了活力。例如，保本基金通过量化策略和固定比例投资组合保险策略（Constant Proportion Portfolio Insurance，CPPI）为投资者提供了本金安全的保障，减轻了投资风险的忧虑。生命周期基金则以投资者的生命周期为设计导向，动态调整资产配置，旨在满足投资者在不同阶段的理财需求，为追求长期稳健回报的投资者提供了理想选择。

在绿色债券领域，主动管理向指数化被动投资的转变，是成熟市场中一个成功的演进案例。研究显示，长期来看，能持续超越市场基准的主动管理基金数量有限，且高额管理费往往侵蚀了投资者的超额收益。因此，指数化投资因其低成本和透明度，逐渐成为市场青睐的对象，在绿色债券产品中，这一趋势尤为明显。在成熟市场中，通过量化管理实现的指数化投资策略能够适应多样化的市场需求，而在中国，尽管绿色债券的指数化投资尚处于起步阶段，与发达国家存在差距，但这一潮流正在逐步形成，预示着被动投资将在绿色债券市场中占据主导地位，引领新一轮的投资变革。

这一进程不仅体现了中国金融市场与国际接轨的步伐正不断加快，也反映了投资者对可持续投资理念的认可与追求，预示着绿色债券产品将在中国乃至全球金融市场中扮演更加重要的角色。

第三节　绿色基金产品与服务创新

一、绿色基金的内涵与主导金融机构

（一）绿色基金的内涵

绿色基金作为一种专业化的投资工具，聚焦于推动低碳经济、节能减排及环境保护等领域的发展，其核心使命在于借助资本的力量加速绿色转型。这类基金整合了来自多方的资源，包括资金、政策支持、技术专长、信息渠道以及专业人才，采取股权投资的形式深度参与到绿色项目的全周期管理中，既提供必要的资金支持，又给予战略指导与运营协助，确保项目高效且可持续地推进。

绿色基金的运作模式具备前瞻性与灵活性，往往在项目启动之初就已设定明确的退出策略，如通过公开市场交易股权以实现资金回收，这赋予了绿色基金稳定的投资回报预期与成熟的市场操作体系。作为绿色金融体系的关键组成部分，绿色基金不仅拓宽了绿色项目的融资渠道，而且通过创新性地匹配各类金融产品，有效降低了项目

的融资成本与风险，增强了绿色经济的吸引力与竞争力。

此外，绿色基金平台汇集了多元化的融资工具与策略，能够根据具体项目的特性与需求，量身定制融资方案，同时融合技术革新与商业模式的创新，赋能绿色项目，实现价值链的拓展与价值创造的提升。这样一来，那些原本因经济效益不足而难以吸引市场化资本的绿色计划也能借助绿色基金优化其商业模型，增强盈利能力，最终融入主流市场，为构建可持续发展的绿色经济生态做出贡献。

（二）绿色基金的主导金融机构

绿色基金的概念源于20世纪70年代的美国，彼时，一场环保浪潮席卷西方社会，促使环境议题跃升至公众视野的中心。在这一背景下，1982年，美国创立了全球首只绿色基金，标志着金融市场开始将环境绩效作为投资决策的关键考量因素。随后，欧洲各国相继效仿，绿色基金迅速在全球范围内铺开，成为国际知名金融集团引领的新型投资工具。

如今，绿色基金领域的领头羊仍旧是那些享有盛誉的跨国金融机构。例如，世界资源研究所与花旗银行携手创立的新型风险投资基金，自其诞生起便专注于新兴市场中的绿色机遇，特别关注我国、印度、巴西等国的中小企业。该基金凭借对绿色项目的精准投资，成功为众多环境友好型的初创企业撬动了数亿美元的资本，显著推动了这些企业在绿色经济领域的成长。

与此同时，气候变化资本集团亦深耕绿色产业的投融资领域，其私募股权分支设定了严格的投资门槛，只针对特定规模的企业，其投资额为500万至2000万欧元，并且聚焦于垃圾管理、能效提升、绿色交通以及可再生能源等关键领域。通过这种专业化和目标导向的投资策略，气候变化资本集团在促进全球绿色转型的过程中扮演着不可或缺的角色。这些先驱性的绿色基金不仅为环境改善注入了强劲动力，也展示了绿色金融在引导资本流向可持续发展项目上的巨大潜力。

二、绿色基金的主要模式

绿色基金所投资的项目通常具备节能环保的特性，也具有较高的科技含量以及良好的回报前景。绿色基金的种类很多，不同类型的绿色基金在发起设立方式、资金募集方式、基金投向以及基金管理模式方面有所不同，其中基金的发起主体和发起方式的不同决定了后面三项内容也会有差异。

（一）国外绿色基金产品介绍

国外金融市场中的绿色基金产品概览如表3－2所示。

表 3-2 国外金融市场中的绿色基金产品概览

绿色基金产品	金融机构	绿色基金产品内容
财政绿色基金	荷兰银行 荷兰 ASN 银行 荷兰 Triodos 银行 荷兰邮政储蓄银行	这是由荷兰多家银行机构在政府支持下推出的绿色基金产品，投资者享受免缴资本收益税和所得税优惠政策，从而获得较低的投资利率，银行则以较低的成本为绿色环保项目提供绿色贷款
巨灾债券基金	瑞士瑞信银行	该基金是全球首支巨灾债券类的公共基金，是传统保险市场很难承保的气候风险类项目的对冲工具，基金的一部分投资对象是和气候适应或气候自然灾难相关的项目
生态绩效股票型基金	瑞士联合银行	这是全球最大的绿色基金，其中有八成资金会投向生态及社会领导企业，两成资金则会投向生态创新项目
未来能源股票型基金	瑞士联合银行	该基金主要关注的是与四种清洁能源（太阳能、风能、地热能、水能等）相关的市场项目投资
私募股权投资类基金	美国银行	这是私募股权形式的基金，侧重于生物多样性保护和森林保护项目，可以向非营利性组织提供贷款利率 100% 的优惠融资，以供给组织购买生物敏感性土地、实施可持续森林保护实践和管理，推动绿色产业发展
	花旗集团	这同样是私募股权形式的基金，主要侧重于可持续发展投资计划，包括风能、太阳能、生物燃料等方面的项目

（二）我国金融市场中的绿色基金产品

根据绿色基金的发起设立方式，我国的绿色基金可以分为四种主要模式，分别是绿色产业引导基金、绿色产业并购基金、绿色产业发展基金和 PPP（Public - Private - Partnership，政府和社会资本合作）绿色项目基金。

1. 绿色产业引导基金

绿色产业引导基金是一种由政府倡导设立的创新性金融工具，旨在优先投资那些对社会公益有贡献、对未来有深远影响的绿色科技与行业，尽管这类投资往往伴随着较长的回报周期和较高的不确定性。其核心使命在于吸引并激励私人资本，共同投入到那些对促进绿色经济发展至关重要的项目中，形成合力。

这类基金本质上属于产业投资基金范畴，明确规定至少 60% 的基金资产必须配置于绿色项目，采用股权投资的方式，并辅以专业的运营管理指导，旨在构建一个风险共担、利益共享的绿色投资生态。国家绿色发展基金便是其中的典范，由政府牵头，旨在发挥龙头作用，引领绿色金融市场健康发展。同时，各地政府亦积极响应，启动或筹划建立地方版的绿色产业引导基金，以此加速绿色产业的本土化进程。

绿色产业引导基金虽有政府参与指引投资方向，但仍遵循市场规则运作，其终极目标是在扶持绿色项目的同时，追求合理的经济效益。政府的介入主要体现在战略导向上，确保大部分基金资产流向绿色产业，从而推动该领域的技术创新与产业升级。

鉴于绿色发展涵盖广泛，各项目间的盈利能力和成长潜力参差不齐，绿色产业引导基金需在全国范围内甄选那些表现优异、潜力巨大的企业和项目，通过政府与市场的双重作用，将其培育成掌握核心竞争力的绿色产业实体。这一过程不仅促进了绿色经济的繁荣，也为投资者带来了稳健的回报，实现了环境保护与经济效益的双赢。

2. 绿色产业并购基金

绿色产业并购基金，亦可视为绿色私募股权或风险投资基金，它代表了一种专注于绿色领域内企业并购的私募股权投资活动。与绿色产业引导基金不同，这类基金多由私营实体或金融机构发起，遵循纯粹的市场化原则，在“募资、投资、管理、退出”（募投管退）的闭环中自主运营。绿色产业并购基金倾向于投资那些成熟、已上市企业的绿色项目，通过基金的介入，实现项目的上下游产业链整合或行业内的横向拓展，进而增强企业的市场竞争力，利用市场化机制促进绿色资源向行业佼佼者集中，加速绿色项目的实施与扩张。

该类基金的管理与投资决策均基于市场逻辑，聚焦于具备成长潜力的绿色项目，凭借上市公司现有的运营体系与资源优势进行有效管理，并常以上市公司平台作为退出路径，免受 IPO（Initial Public Offering，首次公开募股）市场波动的影响，保证了项目收益的稳健性和持续性。这使得绿色产业并购基金成为吸引民间资本投身绿色事业的有效渠道，推动了民间资金对环保产业的支持与投入。

近年来，伴随“十四五”规划的推进与“大气十条”“水十条”“土十条”等环保政策的实施，环保产业迎来了前所未有的发展机遇，尤其是环保重资产行业，对并购重组的需求日益高涨。在此背景下，绿色产业并购基金的发展迎来黄金时期。我国多数绿色产业并购基金采取“上市公司 + PE”模式，相比传统的 VC 模式，该模式在商业模式创新、技术升级、融资渠道等方面展现出显著优势，能够提供更为稳定的投资回报和较低的风险水平。众多上市公司已纷纷设立绿色产业并购基金，如红杉中国与远景科技集团联手打造的百亿规模碳中和技术基金，旨在孵化并投资全球领先的碳中和技术企业，为我国绿色产业发展注入强劲动力，奠定坚实的资金与需求基础，加速绿色经济的全面崛起。

3. 绿色产业发展基金

绿色产业发展基金是大型企业集团战略布局的关键一环，其设立旨在全面对接绿色经济的长远愿景。这类基金的投资决策紧密贴合企业核心业务与战略导向，聚焦于那些与企业长远规划相吻合的绿色产业及项目，无论是初创阶段的孵化还是成熟期的并购，皆旨在强化企业绿色生态链，推动可持续发展目标的实现。

从企业战略角度看，绿色产业发展基金的设立不仅是对绿色经济趋势的积极响应，也是企业自我革新、转型升级的内在要求。它标志着企业在追求经济效益的同时，积极拥抱绿色发展理念，彰显出企业对环境保护与可持续发展的承诺，对于塑造正面的企业形象、提升社会认可度具有不可估量的价值。

大型企业集团往往具备深厚的产业整合能力和雄厚的资本实力，这使得它们在绿色产业投资方面拥有得天独厚的优势。投资于绿色项目的退出机制更为成熟，确保了资本的良性循环和投资回报的稳定性，同时降低了潜在风险。此外，这类投资行动进一步巩固了企业在公众心中的绿色形象，为企业赢得了良好的社会评价，促进了品牌价值的提升。

一个典型的案例便是光大绿色基金的创立，由光大控股主导，其投资范围涵盖了绿色能源、绿色指导、绿色环境以及绿色生活四大领域，这不仅体现了光大集团对绿色经济的深度参与，同时展现了其致力于构建全方位绿色生态系统，引领绿色生活方式的决心与行动。通过这样的基金运作，企业不仅实现了经济效益与环境效益的双赢，也为社会的绿色发展贡献了力量。

4. PPP 绿色项目基金

PPP 模式是公私合作的典范，其核心在于在政府与社会资本之间建立起一种风险共担、利益共享的长期合作关系，通过特许经营权的授予，有效缓解了政府的财政压力，同时降低了社会资本的市场风险，实现了资源优化配置与效率提升。

PPP 绿色项目基金，依托于 PPP 模式，专注于环保基础设施的投融资活动。鉴于此类项目普遍呈现出投资体量庞大、运营周期长的特征，单靠政府财力难以满足其庞大的资金需求。借助 PPP 机制，可有效动员社会资金，形成政府与社会资本的协同效应，确保环保项目顺利实施，达成环境效益与经济效益的双重目标。

PPP 绿色项目基金作为 PPP 模式下的创新实践，展现出强劲的发展势头。它通过整合区域内多个绿色项目，形成规模化效应，利用产业链协同、技术革新与区域资源的优化配置，巧妙地将一些低收益乃至无直接经济回报的项目融入其中，转化为具有市场吸引力的综合性项目。例如，在绿色城市建设中，城市绿化和公园建设等公益性质强、经济效益低的项目，可通过与区域综合开发捆绑，吸引开发商投入，以区域整体开发的收益平衡个别项目的成本，实现绿色目标与商业利益的和谐统一。

然而，PPP 绿色项目基金亦存在局限性，其融资范围局限于特定区域，不具备跨地域项目筛选的灵活性。尽管如此，PPP 模式在绿色产业基金中的应用，不仅强化了政府的政策导向功能，还通过政府信用的加持，增强了项目吸引力，促进了社会资金的流入。在垃圾处理、生态环境恢复、水污染治理等高市场化程度的领域，PPP 绿色项目基金展现了其独特魅力，这些项目虽公益属性明显、回报周期长且利润空间有限，但稳定的现金流与政府支持使其整体风险可控。

随着实践经验的不断积累与模式创新的持续推进，PPP 绿色项目基金有望孕育出更多元化、更具创意的形态，为绿色经济的繁荣注入持久动力。

三、绿色基金产品创新和风险防范

伴随资本市场的深化与基金行业的日益成熟，我国基金产业正步入一个全新的发展阶段。然而，绿色基金作为新兴领域，尚存诸多待解之题，亟须创新突破。创新涵盖制度构建、交易机制、投资策略及标的甄选等多维层面，旨在构建更为高效、透明、可持续的绿色金融生态。然而，创新之路非坦途，其间潜藏的风险不容小觑，包括但不限于市场波动、合规挑战及流动性问题。为此，监管层与市场参与者需协同努力，强化基金监管，提升风险防控能力，以保障绿色基金健康有序发展，为市场注入绿色动能。

在经济全球化的大潮中，我国市场经济体系日臻完善，基金业在其中扮演的角色愈发重要。面对基金市场现存的结构性短板，绿色基金的创新被视为激发市场活力、促进绿色转型的关键路径。不过，创新过程中的不确定性与潜在风险要求我们既要勇于探索，也要审慎应对。这需要监管部门与业界携手，深入研究绿色基金创新趋势，建立健全风险预警与管理体系，确保创新成果惠及社会，推动我国基金产业迈向更高层次，为经济高质量增长提供坚实支撑。

（一）绿色基金产品创新的必要性

在社会经济加速演进与全球经济一体化的背景下，基金产业亟待革新以适应未来发展趋势，尤其是绿色基金产品创新，其不仅能够为基金业本身注入新动力，亦能辐射至广大中小型企业，共同推动金融生态的优化升级。

首先，创新绿色基金产品旨在拓宽投资视野，通过精准对接市场需求，设计更具吸引力的投资组合，以满足多元化投资群体的偏好。此举不仅能吸引增量资金流入，显著提升销售业绩，还能在创新实践中修正过往缺陷，优化成本结构，进而增强盈利能力。由此可见，绿色基金产品创新不仅是提升市场竞争力的手段，更是实现基金产业利润增长的必由之路。

其次，我国基金市场尚处于成长期，面临着产品同质化严重、功能定位模糊等挑战。通过创新，可有效区分不同绿色基金产品特性，明晰各自市场定位，满足投资者个性化需求。此举有助于激活市场潜力，促使基金企业在追求经济效益的同时，兼顾社会责任，打造健康可持续的投资环境，从而推动整个基金市场的繁荣与发展。

再次，中小企业作为国民经济的重要组成部分，长期面临融资难问题。传统基金产品往往难以灵活匹配中小企业的融资需求。绿色基金产品创新，旨在开发出更契合中小企业生命周期特点的金融工具，提供定制化融资方案，助力企业转型升级，缓解资金压力。这不仅能够促进中小企业稳健成长，还能激发市场活力，为社会经济的全面发展贡献力量。

最后，绿色基金产品创新不仅是基金产业自身发展的内在要求，也是支持实体经济，特别是中小企业持续发展的有力举措。通过不断创新，绿色基金将成为连接金融市场与实体经济增长的桥梁，共同书写经济社会和谐共生的美好篇章。

（二）绿色基金产品创新的思路

1. 制度创新

推进绿色基金产品创新，首要任务是打破封闭式基金的传统框架，转向开放式基金模式，以此作为制度层面的革新起点。开放式基金架构的引入，为绿色基金产品赋予了一系列核心优势，这些优势不仅促进了资金的高效运作，还增强了市场透明度和投资便利性，同时构建了一个更为公平且富有激励性的竞争环境。

开放式基金的本质在于高度的流动性，这意味着基金管理人需时刻保持充足的现金储备，以应对投资者随时可能提出的赎回请求，确保基金运营的连续性和稳定性，即使在市场波动加剧的情况下也能从容应对。此外，高透明度是开放式基金的另一大特色，它要求基金管理方每日公开净值信息，接受公众及监管机构的监督，这种透明机制极大提升了投资者的信任度。

投资便利性的提升则体现在对投资渠道和方式的创新上。开放式绿色基金致力于简化投资流程，无论是线上还是线下，投资者都能轻松便捷地完成申购与赎回操作，这无疑吸引了更广泛的投资者群体，尤其是那些寻求灵活理财解决方案的个人和机构。

最具创新意义的是，开放式基金模式引入了一套基于市场表现的激励与约束机制。在这种机制下，基金业绩直接关系到投资者的选择，那些业绩优异、信誉良好的基金公司将获得更多的资本青睐，形成良性循环，推动行业整体水平的提升。相反，表现不佳的基金则面临资金流出的压力，促使整个行业优胜劣汰，确保最先进、最具创新力的绿色基金产品能够脱颖而出，占据市场主导地位，引领绿色金融的未来发展方向。

总之，开放式基金的创新实践不仅为绿色基金产业开辟了新的增长路径，更促进了金融市场的成熟与完善，为实现可持续发展目标提供了强有力的资金支持。

2. 交易方式创新

绿色基金产品创新的核心驱动力之一，便是交易机制的革新。在此过程中，上市开放式基金（Listed Open – Ended Fund，LOF）与交易型开放式指数基金（Exchange Traded Fund，ETF）脱颖而出，它们不仅历经市场考验，而且展现出卓越的效能，成为推动基金业发展的关键力量。对于绿色基金而言，深化这两种交易模式的运用，意味着进一步融合封闭式与开放式基金的优点，同时优化交易效率与成本结构，以适应不断演进的经济环境。

ETF 以其独特的双重交易特性，即场内与场外交易并存，有效促进了价格发现机制的完善，大幅降低了因折价交易而产生的额外成本。这一特性不仅增强了市场流动性，还激发了投资者参与热情，尤其是在绿色主题日益受到关注的当下，ETF 为追求可持续投资理念的投资者提供了便捷、低成本的交易途径，进而加速了绿色金融资产的流通与配置。

LOF 则以其灵活性和可上市交易的特点，打破了传统开放式基金仅限于场外交易的局限，使得投资者可以在交易所即时买卖基金份额，享受类似股票的交易体验。这种模式不仅拓宽了投资者的参与渠道，提高了资金的使用效率，还为绿色基金的规模扩张和流动性增强创造了有利条件。

尽管 LOF 与 ETF 已相对成熟，但随着全球金融市场一体化进程的加快，以及投资者需求的多元化，它们仍需持续进化，以更好地服务于绿色金融的发展。这包括但不限于优化交易规则，降低交易成本；增强信息披露，提升透明度；拓展投资标的，丰富产品线；利用金融科技，如区块链、大数据分析等，提高交易效率与风险管理能力。

3. 投资策略创新

创新绿色基金产品，从投资策略层面出发，是推动可持续金融发展的重要途径。在这一领域，指数基金、保本基金及生命周期基金均扮演着关键角色，各自以独特的方式为投资者提供了多元化的绿色投资选项。

指数基金作为被动投资策略的代表，正逐渐向主动管理转型，这一转变旨在捕捉市场趋势，同时保持对绿色标准的坚守。通过指数化投资，绿色基金能紧跟市场动态，适时调整持仓，以期在促进环保事业的同时，为投资者带来理想的回报。这类基金的持续优化与市场适应性提升，使其成为绿色投资领域中一个日益成熟且受欢迎的选择。

保本基金结合了绿色投资与资产保护机制，通过采用投资组合保险策略，运用先进的资产配置与技术分析，致力于在市场波动中守护投资者的本金安全。这种投资模式显著减轻了投资者对风险的担忧，尤其是在绿色金融领域，它为寻求稳定回报的个人与机构提供了信心，促进了绿色资本市场的稳健成长。

生命周期基金则专注于满足长期投资者的需求，特别是那些着眼于未来收益的养老规划者。这类基金依据投资者年龄或退休时间，自动调整资产配置，从年轻时的激进到年老时的保守，确保投资组合与人生阶段相匹配。自引入我国市场以来，生命周期基金因其前瞻性的设计理念与个性化服务，迅速赢得了众多投资者的青睐，成为养老基金市场的一股新兴力量。

通过在投资策略上推陈出新，绿色基金不仅丰富了投资者的选择，也强化了其在可持续金融体系中的作用。这些创新不仅有助于吸引更广泛的资本流入绿色项目，还为建设更加健康、可持续的全球经济环境贡献了重要力量。

4. 投资对象创新

绿色基金产品在投资对象上的创新，反映了金融市场与社会经济发展的同步进化，以及投资者需求的日益多样化。伴随着我国证券市场的深化与成熟，绿色基金的投资范围已从传统的 A 股、国债、金融债等基础品种，扩展至更为广阔的领域。这不仅包括了中短期债券基金和可转换债券基金等新兴产品，还涵盖了其他各类固定收益工具和股权类资产，从而构建了一个多层次、宽领域的绿色投资生态系统。

面对股票市场的细分与复杂化，绿色基金亦不断创新其产品形态，以满足不同风险偏好与收益预期的投资者。市场对绿色基金的期待不再局限于简单的资金保值增值，而是要求其在环境保护与社会责任方面发挥积极作用，实现经济效益与社会效益的双重提升。因此，绿色基金在投资策略上需要更加注重 ESG 因素，筛选出真正符合可持续发展理念的企业和项目进行投资。

债券市场的变迁同样催生了固定收益类绿色基金的革新。随着经济结构的优化升级，新的债券品种如绿色债券、气候债券等相继涌现，为绿色基金提供了更多元化的投资渠道。在此背景下，绿色基金不仅要遵循国内债券市场的运行逻辑，还需密切关注国际债券发行的最新动态，确保产品设计既符合本土实际，又能与全球市场接轨，增强国际竞争力。

绿色基金的国际化进程，意味着其不仅要满足国内投资者的需求，还要吸引海外资本的关注。这要求绿色基金在产品设计、风险管理、信息披露等方面达到国际标准，增强透明度和规范性，从而在国际舞台上树立良好的品牌形象，为中国绿色金融的发展注入新的活力，促进全球绿色经济的协同进步。

（三）应对绿色基金产品创新风险的策略

1. 加强监管力度

为了确保基金行业稳健发展，构建一个全面而有效的监管框架至关重要。首要任务是建立健全法律法规体系，这不仅是基金业监管的基石，也为行业提供了明确的行为准则。通过详尽的法律条文，我们可以为基金业务的开展设立清晰的边界，确保一旦发生违规行为，有法可依，依法处理，从而保护市场参与者，尤其是投资者的合法权益，营造公平、透明的市场环境。

市场准入的严格把控是另一个关键环节。为了保障绿色基金产品在市场上的健康发展，我们必须设立高标准的门槛。这涉及对基金公司的全面评估，包括但不限于对法定代表人、管理层及运营团队的专业资质审查，以及对基金规模、投资策略、风险控制机制的深入考察。只有确保所有进入市场的基金产品都经过严格筛选，我们才能维护市场的秩序与健康生态，避免潜在的风险累积。

此外，构建一个高效且覆盖广泛的监督体系对于基金行业的长期繁荣同样重要。这要求监管部门之间保持紧密沟通与协作，形成合力，实现信息共享和快速响应，以便及时发现并解决任何可能出现的问题。一个成熟的监督体系应当具备前瞻性，能够预见市场趋势，制定相应的监管政策，同时确保执行力度，防止监管套利。这种体系不仅能够提高监管效率，还能增强市场参与者的信心，促进整个基金市场的持续稳定和健康发展。

总之，通过立法规范、市场准入管理和强化监督，我们可以为基金行业打造一个既严谨又灵活的制度框架，既能激发市场活力，又能有效防控风险，最终实现行业的高质量发展和投资者利益的最大化。

2. 加强绿色基金产品主体的管理

在推动绿色基金产品创新的过程中，企业应当采取审慎而有针对性的策略，充分考虑市场动态与自身能力。创新不应脱离实际需求，而应基于对投资者偏好和可持续发展目标的深刻理解。这意味着，绿色基金的创新方案需要紧密结合企业战略规划，确保创新活动与公司资源、风险承受能力和市场定位相匹配，以实现经济效益与社会责任的双重目标。

企业内部管控是绿色基金创新成功的关键。为此，构建一支兼具创新思维与专业素养的团队至关重要。这要求企业积极招募并培养具备金融创新与绿色经济领域知识的复合型人才，为绿色基金产品开发提供坚实的技术和智力支持。同时，强化员工的职业培训和道德教育，提升其专业水平与责任意识，确保他们在追求创新的同时，维持高标准的合规性和透明度。

此外，企业还应优化资源配置，为绿色基金产品创新预留充足的财务空间，包括设立专项研发资金，采用先进的金融科技手段，如大数据分析和人工智能，以提高决策效率和风险管理能力。通过持续的内部优化，企业不仅能激发团队的创新潜力，还能有效预防和应对创新过程中可能遇到的各种挑战，确保绿色基金产品在市场中稳健成长，为投资者创造长期价值，同时为环境保护贡献力量。

绿色基金产品创新的成功，依赖于企业内外部的协同作用：一方面，企业需要紧跟市场趋势，合理规划创新路径；另一方面，要加强内部治理，培育创新文化，确保创新活动在稳健的框架内进行，最终获得可持续的金融创新成果。

3. 加强行业间绿色基金产品的管理

绿色基金产品的风险不仅会产生局部影响，而且能波及整个金融债券市场，因此，强化行业自律成为至关重要的环节。相较于单纯依赖政府监管，行业内的自我监管机制更能体现灵活性与针对性，确保市场在常态下通过内在动力实现自我净化与调整。这种自律性监管能够促进绿色基金健康有序地发展，同时为创新提供肥沃土壤。

行业自律组织扮演着关键角色，它们能够及时响应市场变化，制定适应性强的行业规范，引导成员企业遵循最佳实践，共同维护市场秩序。通过加强内部审计、提升透明度以及建立有效的风险管理体系，自律组织促使各参与方主动承担社会责任，减少潜在风险，为绿色基金产品创新营造稳定环境。

此外，跨行业合作同样重要。金融债券行业的其他分支，如传统债券市场参与者，应当积极参与到绿色基金的监管与发展中来。这种跨界协作不仅能够引入更多元化的视角和资源，还能增强整个金融生态系统的韧性和互信，形成合力推进绿色金融创新，共同抵御不确定性带来的挑战。

总之，通过行业自律与跨行业合作，金融债券行业能够构建一个更为成熟和稳健的监管体系，为绿色基金产品创新提供强有力的支持，确保其在促进经济绿色转型的同时，保持金融市场的稳定与繁荣。

第四节 绿色保险产品与服务创新

一、绿色保险概述

根据不同的针对方向，绿色保险可分为多种类型，其中起源最早也最重要的就是环境污染责任保险，后续随着绿色产业的发展，多种与环境风险相关的绿色保险层出不穷，包括促进可再生能源发展的天气指数保险、支持绿色建筑标准的绿色物业保险、帮助农民管理自然风险对生产影响的农业保险、倡导环境健康出行的绿色车险等。

（一）环境污染责任保险

环境污染责任保险，亦称绿色保险，是针对企业在运营过程中可能引发的环境污染事件对第三方造成的损失及环境恢复成本提供经济保障的一种保险形式。这一保险机制的核心价值在于其风险管理与预防功能，而非仅仅局限于事后赔偿。

尽管保险赔付能在一定程度上缓解污染事故导致的经济损失，但其补偿能力相对于环境破坏的真实代价往往显得力不从心。环境损害往往涉及生态系统复杂而长期的影响，以及对人类健康不可逆的伤害，这些远非金钱可以弥补。因此，环境污染责任保险更深层的意义在于其预警与预防机制——它激励企业采取更加环保的生产方式，促进社会整体对环境保护的重视，从而在源头上降低环境污染事件的发生概率。

通过设定严格的承保条件和费率结构，环境污染责任保险促使企业评估并控制其环境风险，鼓励采用清洁技术和环境友好型策略。这种制度设计有助于构建一个更加可持续的发展模式，保护自然环境，保障公众健康，最终实现人与自然和谐共生的目标。

（二）可再生能源项目保险

可再生能源，包括太阳能、风能、水能、生物质能、地热能以及海洋能等，正日益成为全球能源转型的关键组成部分。然而，这些绿色能源项目面临着一系列独特的挑战，如自然资源的波动性、技术风险、市场不确定性以及政策变化等。为了降低这些风险并保障投资回报，专门针对可再生能源领域的绿色保险产品应运而生。

绿色保险覆盖范围广泛，旨在为可再生能源项目提供全面的风险管理解决方案。例如，天气指数保险为风力和太阳能设施提供了抵御极端天气条件的保障；开工延误保险帮助项目方应对建设过程中的意外延误；公众责任保险确保了在项目运行期间对第三方可能造成的损害得到妥善处理；业务中断保险为自然灾害或设备故障导致的收入损失提供补偿；场所污染保险则保护项目免受潜在环境责任的财务冲击。

特别是在太阳能领域，鉴于光伏电站的发电效率直接依赖于太阳辐射强度，瑞士再保险公司推出的太阳能辐射指数保险便成为行业内的创新举措。该保险依据太阳辐射量的预设阈值，为投资者提供了风险转移机制，减轻了因天气变化导致的收入波动，从而增强了太阳能项目的经济可行性和吸引力，推动了清洁能源市场的稳定发展。通过这类定制化的保险方案，绿色保险不仅为可再生能源项目提供了必要的财务安全网，还促进了整个行业的健康发展和投资信心的提升。

（三）巨灾保险

巨灾保险是一种专门用于应对由重大自然灾害或人为灾难引发的极端经济损失的金融工具，它属于绿色保险，旨在分散风险并提供灾后恢复所需的财务支持。当诸如地震、飓风、洪水或核事故等灾难性事件发生时，不仅会对经济造成沉重打击，还会带来重大的人道主义危机。灾后的重建往往耗资巨大且耗时长久，有时一个地区或国家需要数年之久才能从灾难中完全复苏。

鉴于政府财政资源有限，且不可能无限期地为未知灾难预留大量资金——这样做不仅会造成资源的低效使用，还会削弱经济的活力和生产效率——巨灾保险提供了一种更有效的风险管理途径。这种保险机制能够在灾难发生后迅速调动国内外的保险资金，包括直接保险公司、再保险公司以及国际资本市场，为受灾区域提供紧急资金注入，加速恢复进程。

与政府的单一补偿机制相比，巨灾保险具有更高的经济效益，因为它能够更快速、更灵活地响应灾难，同时通过多元化的融资渠道提供更广泛的覆盖范围。这种保险体系的社会化程度也更高，因为它将个人、企业、政府以及国际社会的力量整合起来，共同承担灾难风险，实现风险共担和损失共济。尽管巨灾保险的赔付可能无法完全弥补所有损失，但它显著提升了灾后重建的能力和速度，有助于减轻灾难对经济和社会的长期负面影响。

（四）绿色出行车险

绿色出行车险是保险公司通过将车险保费与汽车行驶里程挂钩的方式，以保费折扣来鼓励民众减少汽车使用而进行绿色出行的一种绿色保险。其目标是降低汽车使用频率并引导民众绿色出行，减少汽车尾气排放对环境造成的污染。

（五）农业保险

农业作为支撑人类文明发展的基石，其稳定性和生产力易受自然条件波动的影响，尤其是气候变化带来的不确定性。面对这一挑战，农业保险作为一种创新的金融工具，扮演着日益重要的角色，它旨在为农民和农业企业构筑一道抵御自然灾害风险的屏障，确保农业生产活动的可持续性。

在全球范围内，保险公司不断探索和推出各类天气指数保险产品，这些产品紧密贴合特定地区的气候特征和农业生产周期，以科学的数据分析预测潜在的天气灾害，并据此设定合理的保险条款和赔付标准。例如，针对雨雹、干旱、飓风和洪水等不同类型的灾害，保险公司设计了相应的指数保险，如印度的农作物气候指数保险，加勒比地区的飓风指数保险，以及孟加拉国的洪水指数保险，这些产品旨在通过量化天气指标触发赔付机制，确保农户即使在遭遇极端天气事件时，也能获得及时的经济补偿，减少其经济损失。

在我国，鉴于广袤的国土面积和多样的生态环境，农业面临的灾害类型繁多，频率较高。近年来，农业保险在我国得到了快速发展，逐渐成为中央财政在农业灾害救助中的重要补充手段。这一转变不仅提高了财政资金使用效率，避免了传统救灾支出的滞后性和不确定性，而且随着农业保险市场的成熟，保险覆盖范围和保障水平不断提升，有望覆盖更广泛的农业风险领域，有效降低自然灾害对农业生产的冲击，为农民提供更加全面和稳定的收入保障，促进整个农业生态系统的健康和繁荣。

（六）海运绿色保险

海洋运输是人类发展过程中非常重要的运输手段，一般也会带来各种各样的环境影响，如二氧化碳、二氧化硫、微粒物质、氮氧化物排放，含油污水、臭氧层消耗物质、货物残留物污染等。保险公司开发的针对海运的绿色保险产品和服务有助于直接和间接减少温室气体排放及污染物排放。比如，安达保险就推出了针对海运的环境污染责任险。

（七）其他绿色保险

绿色保险领域持续拓展，涌现出一系列创新产品，这些产品旨在全方位覆盖绿色项目可能遭遇的各种风险。除了传统的绿色保险种类，新兴的保险产品正逐步聚焦于更加细分的环保领域，包括电子设备保险、节能电器保险、供暖与冷却系统保险、内部排水及照明设施保险，乃至低挥发性有机化合物材料的保险，如底漆、油漆、面漆、溶剂和黏结剂等。这些定制化的保险方案不仅反映了市场对绿色技术日益增长的需求，还彰显了保险业致力于支持可持续发展目标的决心。

随着绿色保险产品种类的日益丰富，一个明显的趋势正在形成，即通过保险机制激励全社会向绿色转型。绿色物业保险便是一个有力的例证，它在传统建筑物遭受损失后，为业主提供了重建时采用更高能效、更低环境影响材料和工艺的财务保障。这种保险模式减轻了企业或个人在灾后恢复过程中的经济负担，更重要的是，它推动了建筑行业向着更为绿色、可持续的方向进化，鼓励更多绿色建筑的诞生，从而在整体上促进了环境保护和资源节约。

总之，绿色保险领域正逐步构建起一个全面的保障网络，覆盖从能源效率到环保材料应用的各个环节，这不仅为绿色项目保驾护航，同时为推动全社会绿色转型提供了强大的动力。随着更多创新的绿色保险产品和服务的出现，我们有理由期待一个更加绿色、健康的未来。

二、绿色保险的作用机制

绿色保险，尤其是环境污染责任保险，其服务流程贯穿于事前、事中、事后三个关键阶段，旨在系统性地管理和降低环境风险。这一机制不仅促进了企业的绿色转型，还增强了社会对环境污染的抵御能力。

首先，在事前评估阶段，保险公司会深入考察投保企业的生产活动，确保其符合一定的环保标准。通过评估生产流程、方法和设备的环境友好性，保险公司能够量化环境风险，并依据风险差异调整保险费率。这种做法促使企业内部化环境污染的成本，从而激励它们优化生产方式，减少污染排放，转向更加可持续的发展路径。

其次，事中监督阶段体现了绿色保险的动态管理特性。保险公司扮演着积极的角色，持续监测企业的运营状况，及时发现并预警潜在的环境风险点。与政府监管相比，保险公司的监督更侧重于市场化手段，通过专业建议帮助企业主动预防和控制环境风险，在维护合同双方权益的同时，促进企业社会责任的落实。

最后，在事后保障阶段，环境污染责任保险展现出其核心价值。一旦企业发生环境污染事件，保险公司将依据合同条款承担相应的治理费用和赔偿责任，这既缓解了企业因污染事故导致的经济压力，又确保了受害者和社会环境得到及时有效的补偿。通过分担环境修复成本，保险公司为企业提供了安全保障，社会整体对环境污染风险的应对机制也得到了强化，保障了环境正义和公众健康。

绿色保险特别是环境污染责任保险，通过其独特的事前评估、事中监督、事后保障机制，有效地将环境保护与商业保险相结合，推动了企业的绿色升级，同时提升了社会的环境治理能力和公平性，展现了保险业在可持续发展领域的积极作用。

三、我国绿色保险产品的服务创新

（一）绿色保险服务低碳发展

“双碳”经济，即碳达峰碳中和目标下的经济形态，正引领着社会产业结构与模式的根本性变革，科技创新在此过程中扮演着至关重要的角色。随着我国步入数字化经济的新篇章，制造业的数字化转型成为必然趋势，而绿色金融体系的构建则成为支撑这一转型的关键力量。绿色保险作为绿色金融体系不可或缺的一环，不仅是风险管理的利器，能够预见并减轻低碳发展中可能遭遇的风险，而且能在风险事件发生时提供必要的经济补偿。此外，保险资金的绿色投资能力使其能够在绿色基础设施、新能源等低碳零碳产业中发挥作用，加速产业结构向绿色方向转变，彰显了金融企业在新时代的使命与担当。

我国绿色保险的发展路径涵盖了狭义上的环境污染责任保险，以及更为广泛的绿色保险产品体系，包括针对巨灾、绿色建筑、清洁能源和绿色技术等多个领域的保险解决方案。为了促进绿色保险的全面发展，需要从三个方面着手：

1. 绿色保险产品的创新

不断开发适应绿色经济需求的保险产品，以满足不同行业和场景对风险管理的需求，增强保险公司的市场竞争力和社会责任。

2. 保险资金的绿色投资

利用保险资金的长期性、稳定性和灵活性特点，投资绿色项目，不仅能满足绿色项目对长期资金的需求，还能引导更多社会资本流向绿色经济，形成良性循环。

3. ESG 理念的融入与实践

将 ESG 理念融入企业运营，通过数字化办公、推广电子保单、鼓励低碳行为、建设节能设施等措施，展现保险企业对可持续发展的承诺，同时提升企业形象与市场竞争力。

绿色保险的发展不仅是保险行业自我革新与升级的过程，更是助力我国乃至全球实现绿色低碳转型、迈向可持续未来的强大推动力。

（二）绿色保险产品开发的创新实践

1. 传统保险产品的绿色创新实践

随着“双碳”经济战略的推进，我国保险行业正在经历一场绿色转型，其中环境污染责任保险和新能源汽车商业保险等领域的创新尤为突出。环境污染责任保险作为一项传统绿色保险产品，在新经济背景下获得了新的生命力，强制要求环境高风险企业投保，不仅确保了生态环境修复的资金来源，而且推动了保险公司提供风险预警、评估、隐患排查和环保培训等增值服务，有效降低了环境风险。

在新能源汽车领域，鉴于环境与能源的双重挑战，动力电池逐步取代内燃机成为汽车行业的未来趋势。然而，由于缺乏专门的商业车险条款，新能源车主以往只能选择传统保险，电池等关键部件得不到充分保障。为此，有关部门正探索新能源汽车专属保险条款，旨在填补市场空白，为新能源汽车提供更全面的保险覆盖。

政策性农业保险也进行了绿色创新，比如将病死畜禽无害化处理与养殖业保险理赔挂钩，促进了农户的环保意识，降低了环境污染和疾病传播风险。同时，面对气候变化对水产养殖业的影响，如赤潮灾害，保险公司与行业协会合作开发了海水养殖赤潮指数保险，为养殖户提供了风险转移机制。

此外，保险行业还在传统产品的基础上进行了绿色创新，例如针对清洁能源项目的保险解决方案，涵盖水电、风电、光伏等领域的特定风险。在责任保险领域，保险公司针对绿色技术专利研发了研发费用损失保险和专利执行保险，以及针对绿色新材料的首批次应用保险，帮助管理产品质量和责任风险。在保证保险方面，设计了专利质押融资还款保证保险和碳排放配额质押贷款保证保险，为绿色专利质押和碳资产持有人提供了信用风险保障。

这些创新不仅体现了保险行业对绿色经济的支持，也体现了其在社会责任和市场机遇之间找到平衡点的努力，为我国绿色金融体系的完善和绿色经济的发展注入了新的活力。

2. 新型保险产品的开发研究

绿色保险作为绿色金融体系的重要组成部分，其发展现状与未来潜力在支持绿色建筑、应对巨灾风险以及保障碳汇项目中得以充分体现。针对绿色建筑，保险公司不仅提供了传统保障，还创新推出了绿色建筑性能保险，解决了绿色建筑性能评级与信贷发放之间的时间差问题，为中国人民财产保险股份有限公司等机构在北京等地的成功试点提供了经验借鉴。

面对“双碳”经济下的极端气候挑战，巨灾保险的开发与推广成为保险业的又一重点。鉴于气象监测技术的成熟，气候巨灾保险成为当前试点的主要方向，旨在为灾后重建与居民财产损失补偿提供坚实后盾。

碳汇保险的出现则响应了政府关于提升生态系统碳汇能力的战略部署，尤其是针对碳汇林业这一重要交易领域。随着全国碳排放权交易市场的建立，保险业正积极探索与碳汇项目相关的创新保险产品，旨在为碳汇项目市场化运作提供风险保障，助力“双碳”目标的实现。

尽管绿色保险领域取得了显著进展，但实践中仍存在不少挑战。首先，产品创新与开发的速度难以完全满足社会转型所需，数据基础薄弱与风险评估模型的标准化问题限制了部分产品的推广。其次，服务模式与流程的优化及新技术的应用尚显不足，尤其是在处理大规模自然灾害时，传统查勘手段的效率与精确度有待提升。再次，保险企业主动参与绿色保险实践的动力不足，财政与政策支持的加强成为推动创新的关键。最后，人才短缺成为制约绿色保险发展的一大瓶颈，复合型专业人才的培养与引进亟待加强，以满足行业绿色转型的需求。

绿色保险的发展虽已初见成效，但仍需在产品创新、服务优化、企业参与度提升及人才培养等方面持续努力，以实现绿色金融体系的全面完善，更好地服务于社会经济的绿色转型与可持续发展。

第四章　绿色金融的风险管理与评估

第一节　绿色金融风险的内涵与分类

一、金融风险的内涵和分类

（一）金融风险的内涵

金融风险，从本质上讲，是金融活动中预期收益与实际收益间的差异的可能性，这种差异可能表现为损失，也可能体现为非最优的资源分配状态。金融风险的特征包括不确定性、相关性、高杠杆性和传染性，其中不确定性指的是影响金融风险的多重因素难以预测；相关性则源于金融体系与整体经济的深度耦合；高杠杆性体现为金融企业的高负债比率和金融工具创新带来的放大效应；传染性意味着风险在金融机构间的扩散，可能触发系统性危机。

在理解绿色金融风险时，我们同样聚焦于“未来收益”和“不确定性”两个核心概念。未来收益的不确定性在于其既可能带来正向的超额回报，也可能导致负向的损失。正向的收益有时会被视为一种资源使用的风险，因为它可能源于资源的非优化配置；而持续的正收益还可能导致投资者过度自信，埋下未来的投资隐患，即潜在风险。

不确定性可细分为两类：一类是在已知收益概率分布下的不确定性，探讨的是收益量级的波动；另一类则是未知收益概率分布的不确定性，涉及的是收益存在与否的根本问题。这两类不确定性分别对应了金融风险的不同层面，前者关注的是收益的大小，后者则关注收益的有无。

在量化金融风险时，统计学和概率论的工具至关重要，它们能够帮助我们评估资产组合未来收益偏离期望值的概率和程度，即风险的期望和方差。

绿色金融风险作为金融风险的一个特定领域，同样包含未来收益的不确定性和不同类型的不确定性。在绿色金融实践中，这些风险可能源于绿色项目的技术不确定性、政策变化、市场接受度、融资成本波动等因素，它们共同构成了绿色金融特有的风险图谱。因此，理解和管理绿色金融风险，要求我们在传统金融风险分析的基础上，额外考量绿色经济活动的独特性及其对金融稳定和可持续发展的综合影响。

（二）金融风险的分类

作为金融活动的内在属性，金融风险无孔不入，从股市的起落、利率的浮动到信贷市场的异常交易，无不彰显其威力。政策的调整、操作的失误、市场的炒作，都能成为金融风险的导火索，直接或间接地影响金融资产的价值。随着金融业的深化发展，金融产品的丰富多样，以及金融科技的广泛应用，金融风险呈现出更加复杂且隐蔽的特性，对风险管理提出了更高要求。

为了精确把握金融风险的本质，学术界与实践者提出了多角度的分类体系。基于风险的分散性，金融风险可分为系统性风险与非系统性风险。系统性风险，源于那些能够波及整个金融市场的宏观因素，如经济周期的波动、重大自然灾害或是宏观经济政策的调整，这类风险由于影响面广，难以通过单一的投资策略来规避。非系统性风险则特指与特定企业或行业相关的风险，可通过构建多元化投资组合的方式，有效降低其对投资组合的影响。

从会计视角审视，金融风险又可分为会计风险与经济风险。会计风险主要体现在企业财务报表上，通过现金流量、资产负债和损益等数据反映出来，是可量化的财务指标变化带来的不确定性。经济风险则更广泛，涉及由经济环境变化、决策错误等因素引起的产量与价格波动，这种风险不仅覆盖面广，而且突发性强，往往难以准确预估。

我们更为广泛采用的分类方法是基于风险的驱动因素，将金融风险细分为市场风险、信用风险、操作风险和流动性风险。市场风险关注市场价格的波动对投资组合价值的影响；信用风险聚焦于债务人违约的可能性；操作风险涉及内部流程、人员及系统的不足或失败；流动性风险则强调在需要时无法迅速转换资产为现金的能力。这些分类提供了深入理解金融风险的多元视角，有助于制订更为精准的风险管理策略。

二、绿色金融风险的内涵与常见概念的辨析

（一）绿色金融风险的内涵

绿色金融这一新兴的金融分支，旨在促进环境可持续发展，通过金融工具和服务支持清洁、低碳、高效的经济活动。它不仅涵盖了传统金融产品，如信贷、债券、股票、基金、保险等，还特别强调对绿色项目的支持，如清洁能源、绿色交通和建筑等领域。然而，绿色金融并非无风险的天堂，它继承了金融活动固有的风险特质，同时因应对环境变化和推动绿色转型而展现出独特的一面。

从风险来源看，绿色金融风险的暴露点往往更加外部化，受到气候变迁、自然灾害、环境污染等物理风险，以及政策引导下的产业结构调整、技术革新等转型风险的影响。这些风险在金融活动之前就已经存在，有的潜伏，有的逐步浮现，它们不仅关乎资金头寸的安全，还牵涉到灾害的频率与强度、企业特性、落后产业的比重以及资产的灾害敏感度等多维度因素。

在传导机制上，绿色金融风险的扩散路径复杂多变。在宏观层面，自然灾害对经济的冲击可迅速转化为金融系统的系统性风险；在中观层面，政策引导下的产业转型，如淘汰落后产能、扶持绿色产业，对企业的资产价值、成本结构和业务模式产生深远影响，进而引发金融风险；在微观层面，环境污染事件或“两高”项目的终止，直接导致企业资产贬值，影响金融机构的投资回报。

就风险冲击的结果而言，绿色金融风险与经济社会的绿色转型息息相关。随着绿色金融规模的扩大，金融机构需调整发展战略、组织架构和人才配置，这不仅仅是业务的拓展，更是全面的转型升级，伴随而来的是技术风险的增加。绿色科技的应用与更新对金融机构的业务模式提出新的挑战。

从风险承受者的角度看，绿色金融风险的影响范围广泛，不仅金融机构、投资者和金融市场可能蒙受损失，绿色项目的融资方、实施方乃至政府机构也可能遭受冲击，其甚至会对自然环境和全球气候产生负面影响。这种对生态系统总福利的潜在威胁，构成了绿色金融风险的独特性，也是风险管理中亟待攻克的难题。

绿色金融风险的识别、评估与管理，要求我们既要洞察传统金融风险的普遍规律，也要深刻理解绿色转型背景下的特殊挑战，以科学的方法和前瞻性的视角，构建稳健的绿色金融体系。

（二）常见概念的辨析

1. 传统金融风险和绿色金融风险的关系

金融的核心在于如何在充满不确定性的环境中，通过市场机制有效分配资源，无论是当下还是跨时期。绿色金融作为一种新兴的金融理念，其核心使命在于运用金融市场的力量，促使自然生态要素，诸如生物多样性、环境质量及自然资源，得到合理且优化的配置。通过为环保、能效提升、清洁能源、绿色交通基础设施以及绿色建筑等领域的项目提供融资、管理和风险控制服务，绿色金融不仅成为推动绿色经济发展的关键资金引擎，还承载着促进区域产业升级、激发自然资源流动性、优化资源分配及强化现代社会治理能力的多重功能。

绿色金融与传统金融最显著的区别在于，前者对人类生态环境福祉高度重视，将环境保护成效与资源利用效率纳入金融回报的考量范畴。其运作逻辑在于，通过自身的金融活动，引导各类经济实体关注并维护自然生态的平衡状态。鉴于绿色金融旨在通过金融手段调节社会环境保护与生态稳定，以实现长期的可持续发展目标，其初期发展往往需要政府的顶层设计与政策引领。相比之下，传统金融行业在“经济人”假设的主导下，聚焦于经济效益最大化，追求资本的增值，本质上是一种由利润驱动的金融模式。对于公共福祉，尤其是生态环保议题，金融机构通常缺乏主动考量的动力，除非存在明确的政策约束，否则很难确保融资对象的生产或服务具备生态效率。

绿色金融不仅是对传统金融理论的补充与扩展，更是一种将环境与社会价值融入金融决策的实践创新。它强调在追求经济效益的同时，兼顾生态责任与可持续性，力求在经济增长与环境保护之间找到平衡点，为未来的世代留下一个更加健康、繁荣的地球。

2. 绿色金融风险和绿色金融危机的关系

绿色金融风险实质上是金融资产组合未来收益的不确定性，源于外部环境因素的变化，尤其是那些与绿色经济和可持续发展相关的波动。这种风险直接关联到金融资产的表现及其服务的盈利潜力。相比之下，绿色金融危机的视野更为广阔，它标志着金融体系深层次的动荡，这种动荡不仅限于单一的资产或机构，而是波及整个市场乃至经济体系的稳定性。其后果可能包括对宏观经济前景的极度悲观情绪，货币大幅贬值，经济总量萎缩，增长停滞，企业大规模破产，失业率攀升，乃至社会经济全面衰退，有时还可能伴随社会动荡。这类危机涵盖多种形态，如货币危机、债务危机、银行危机、次贷危机等，往往是这些危机的复合体。

金融危机的萌芽，根植于“负面预期”的扩散，这正是金融风险，即收益不确定性的具体体现。随着风险的积累、相互交织和扩散，最终将演化为全面的金融危机。在绿色金融领域，风险危机的爆发尤为棘手，当绿色经济政策误判或是对绿色行业的过度投资导致资金与资源的严重错配时，不仅会触发绿色金融风险，还可能将地区发展推向极端，酿成灾难性的后果。更令人担忧的是，绿色金融风险一旦显现，极易引发自然生态风险的连锁反应，放大危机的影响范围，造成更深远的危害。

简而言之，绿色金融风险和危机是现代社会面临的复杂挑战，它们要求政策制定者、金融机构和市场参与者具备前瞻性和谨慎的态度，以防止潜在的风险演变成系统性危机，确保经济、社会和自然生态系统的健康与可持续发展。

三、绿色金融风险的特点

（一）绿色金融风险的客观性与主观性

绿色金融风险的一个核心特质在于其固有的自然属性，这一点体现在风险的孕育阶段，即在金融活动启动前，风险的种子往往埋藏于自然环境的物理变化之中。诸如地震、洪水、飓风等自然灾害，作为自然界的常态变异，却能催生出气候变化与极端天气事件，进而对金融资产构成严峻挑战，侵蚀其价值。因此，绿色金融风险与自然要素的波动紧密相连，展现出一种不可抗的客观性。这种风险的本质源于其诱导因子的自然属性，即地球系统内部的物理过程，这些过程独立于人类意志之外，遵循着自身的规律演进，从而赋予了绿色金融风险一种内在的、不可避免的客观特性。换言之，无论金融策略如何精妙，只要自然界的法则不变，绿色金融风险就始终存在，要求我们在金融实践中必须充分考量自然环境的不确定性，以及其对资产安全和市场稳定可能产生的深远影响。

（二）绿色金融风险的叠加性与累积性

绿色金融作为金融体系中的一股新兴力量，不仅承袭了传统金融风险的潜在威胁，还因人类活动对生态系统的深远影响而承载着日益加剧的环境风险。在当今世界，环境退化与金融不稳定性的互动关系构成了绿色金融特有的复合风险格局。金融作为现代经济的命脉，通过资本的有效配置与流通，有力地推动了经济增长，但与此同时，无论是源自金融市场本身的波动，还是源于环境恶化的不确定性，都对绿色金融的稳健前行构成了重大障碍，二者交织形成了一种“金融环境双重风险”叠加的复杂局面。

在绿色金融的发展路径上，金融风险与环境风险并非孤立存在的，而是呈现出相互依存、相互强化的动态关联。一方面，自然风险、政策变动、市场波动等多维度因素的叠加，导致风险因素在特定时点上错综复杂地交互作用，形成风险共振，放大了整体风险水平。从金融视角审视，风险的爆发会侵蚀信用基础，阻碍绿色项目获取所需资金，抑制社会资本的流入，进而削弱绿色金融的活力；同时，环保产业的企业可能因金融市场的动荡而遭受经济损失，减少环境治理投入，加剧生态压力，衍生出更为紧迫的环境危机。

另一方面，从环境风险的视角出发，经过数十年的高速工业化与城市化进程，人类对自然资源的过度开采与环境污染已达到临界点，全球性的环境风险正以前所未有的规模冲击着经济与金融体系。环境风险一旦显现，首先会打击实体企业，引发经营困境，当这种实体层面的风险累积至一定阈值时，便会向金融领域传导，触发信贷紧缩、资产贬值等一系列连锁反应。此时，金融机构面临道德风险与违约风险的双重考验，投资者亦承受着资产缩水的痛苦，整个金融系统的稳定性受到严重挑战，从而进一步放大了金融风险的影响力。

绿色金融面临的挑战是多元且复杂的，它要求我们在追求经济效益的同时，必须审慎评估并妥善处理金融与环境风险的共生关系，以确保可持续发展的长远目标得以实现。

（三）绿色金融风险的短期性与长期性

绿色金融风险的展现形式随时间跨度的不同而呈现出多样化的特性，既包括短期内的剧烈波动，也涵盖了长期中的深层隐患。在短期内，企业绿色转型的高昂代价成为不可忽视的风险源。尤其对于那些根植于传统模式的实体，向绿色经济过渡意味着巨额的初期投入，这不仅包括清洁能源的采用，还有必要基础设施的全面升级，所有这些都直接提高了运营成本。对投资者与金融机构而言，短期风险管控变得至关重要，因为成本与收益的不匹配可能迅速转化为沉重的财务负担，甚至产生债务违约，从而暴露出绿色金融的即时风险。

然而，绿色金融风险的长期维度同样不容小觑。自然环境的脆弱性及随之而来的灾害与污染，构成了持续的挑战，其影响跨越多个周期，对经济稳定构成深远威胁。金融机构在开展绿色信贷或投资绿色债券时，面临着独特的期限错配难题。在资产一侧，绿色项目往往伴随较长的回报周期，而负债方则主要由较短期限的存款组成，这种“短借长贷”的结构在长期运行中极易滋生流动性风险，这是绿色金融区别于传统金融的一大特点，也是其长期风险的集中体现。

不论是短期的成本困境还是长期的流动性挑战，绿色金融风险均呈现出复杂且严峻的态势。短期内的资金链紧张可能导致企业陷入财务危机，而长期的期限错配则考验着金融机构的资产负债管理能力。应对这些风险，需要创新的金融工具与政策支持，以及市场参与者之间更紧密的合作，以确保绿色金融在实现可持续发展目标的同时，能够维持自身的稳健与安全。

（四）绿色金融风险的厚尾性

在金融领域，风险评估常常聚焦于事件发生的概率，特别是针对银行投资组合的潜在损失程度。其一个核心问题在于，当给定了某一概率水平，如何预估银行资产在未来的特定时间段内可能面临的最大价值缩水幅度。这种基于概率的分析方法已逐渐被银行业及监管机构采纳，作为标准化风险衡量手段，用以统一评估整个行业的风险状况。

该方法之所以受到青睐，关键在于其能将复杂的资产组合风险简化成易于理解的单一数值，这一数值直接关联银行资本的安全边际，即预期的最大潜在亏损额，并以货币单位（如美元）进行量化。通过这种方式，风险管理的核心，即对潜在经济损失的预判，被转化为直观的财务指标，有助于决策者更清晰地识别和管理不确定性，确保银行能够在面对市场波动时保持稳健。

（五）绿色金融风险的其他特征

绿色金融活动旨在促进环保项目建设和减少温室气体排放，其本质具有显著的社会公共利益性质。因此，与这类活动相关的金融风险同样具备社会外部性的特质，意味着其影响远超个体或单个实体的范畴。不同于传统金融风险，如企业财务危机的影响通常局限于特定市场参与者，绿色金融风险因其与环境事件的紧密联系，展现出更强的外溢效应和系统性风险特征。

以飓风“桑迪”为例，这一自然灾害不仅导致美国保险公司承担了巨额的理赔责任，其连锁反应更波及整个金融市场。从股票、债券到各类衍生品，几乎所有的交易市场都不得不暂停运作，造成了前所未有的资金流动性冻结和经济损失。此类事件凸显了绿色金融风险的特殊属性，即一旦触发，其影响范围广泛，能够迅速蔓延至金融体系的各个角落，对经济稳定构成巨大威胁。这要求金融机构和监管当局采取更加具有前瞻性和综合性的风险管理策略，以应对由环境因素引发的系统性金融风险。

第二节　绿色金融风险测度方法与评级

一、绿色金融风险的测度方法

（一）绿色金融风险测度的原理

在现代金融理论的宏图中，风险测度、时间价值以及资产定价被誉为三大核心支柱，它们共同构筑了金融市场稳健运作的基石。风险测度，作为评估项目潜在成果波动性的关键步骤，聚焦于辨识和量化那些需特别关注的风险因素，其核心在于剖析不同风险间的交互影响，从而精准预估项目的可能产出。这一过程的首要任务是甄别出哪些风险点值得投入资源加以防控。风险测度的准确度直接关联着风险管理机制的效能，而恰当的风险指标选择则是确保风险评估质量的关键所在。

在绿色金融领域，其特有的风险结构围绕着可持续发展、环境保护与低碳经济等核心议题，自然环境的不确定性与项目内在的不稳定性，赋予了绿色金融风险独特的属性。因此，构建一套符合绿色金融特性的风险度量体系，对于打造高效的风险管理体系至关重要。

金融风险的测度实质上是对未来潜在损失规模的预测，包括损失的概率与幅度两个维度。损失概率反映的是在某一时间段内，风险事件发生的可能性；而损失幅度则衡量了一旦风险事件成真，所能预期的最大损失额。随着风险测度理论的演进，其发展历程可概括为三个阶段：初始阶段侧重于利用方差与风险因子等经典统计工具；随后，风险价值（Value at Risk，VaR）作为国际公认的风险评估标准崭露头角，标志着现代风险测度时代的开启；最后，期望损失（Expected Shortfall，ES）概念的引入，引领了风险测度向一致性、全面性迈进的新纪元。

贯穿这三个阶段的主要指标——方差、VaR、ES，不仅是风险测度理论演化的见证者，亦是理解绿色金融风险测度逻辑的基石。此外，为了捕捉风险感知的动态变化，金融资产的久期与凸性等灵敏度指标被广泛应用，这些指标能有效揭示风险随时间推移的敏感度，构成了风险评估框架中不可或缺的组成部分。总之，绿色金融风险的度量，既需借鉴传统风险测度的智慧结晶，又需创新性地融入对绿色金融特性深刻洞察的考量，方能实现对风险的精准识别与有效管控。

（二）绿色金融风险测度的工具

绿色金融活动全周期的风险测度是一项综合性强、复杂度高的工作，涉及许多研究、尽职调查（Due Diligence，简称“尽调”）、协调的环节，还涉及一些国际共识，例如基于对气候变化问题的合作，国际上在论述绿色金融风险时，普遍认为需将气候影响因素测度纳入相关投融资活动的风险管理中，形成了较稳定的风险评估方法。

1. 欧盟：构建完整的气候风险评估流程

金融市场在应对气候风险的过程中扮演着至关重要的角色，其效用主要通过三大核心机制得以展现。首先，保险机制作为风险转移的传统方式，直接为个体及企业提供了抵御不确定性的财务保护伞。其次，市场机制与金融工具的运用，比如投资组合的优化调整、资产估值的动态更新以及金融衍生产品的灵活部署，使得风险得以重新分配至那些更能有效应对或吸收潜在冲击的部门或实体。绿色金融与 ESG 投资的蓬勃发展，正是这一机制在应对气候风险上的生动体现。在欧洲，绿色债券存量已逾 5000 亿欧元，且连续多年保持 20% ~30% 的增长速度，绿色证券化和其他绿色金融产品亦呈现出旺盛的市场需求，ESG 基金的迅猛崛起进一步彰显了市场对可持续投资的强烈偏好。

衍生品市场的对冲功能则在面对系统性气候风险时展现出独特优势。当传统再保险手段难以应对极端气候事件时，市场对冲策略就成为关键解决方案。巨灾债券等保险关联证券通过将保险风险转化为可交易的金融产品，引入更广泛资本市场的参与，有效增强了保险业抵御气候风险的能力。同时，欧盟碳排放交易体系（European Union Emissions Trading System，EU ETS）在促进减排目标实现的同时，也为市场主体提供了灵活的碳风险管理工具，助力其实现绿色转型。

为实现《巴黎协定》目标及欧盟气候愿景，欧洲中央银行正采取一系列措施，将气候变化考量纳入其公司债券购买计划、抵押品框架、信息披露要求及风险管理流程中，旨在降低资产负债表中与气候变化相关的金融风险，维护欧元区的价格稳定，同时加速经济向低碳模式的转变。在风险测度领域，欧盟开发的气候风险评估工具提供了一套全面的技术框架，涵盖标准设定、评估方法论及行业指导原则，用于细致评估投融资项目全生命周期内的气候风险，并指导实施适应性或缓解性措施。这套工具通过问卷调查、文献综述、专家讨论、多方利益相关者沟通、模型构建及综合指标分析等方式，对成员国的气候投融资风险进行全面评估，帮助投资者识别并把握推动低碳转型的优质投资机遇，确保资金流向真正具备积极气候效益的项目，从而在投资决策中嵌入绿色视角，促进经济与环境的和谐共生。

2. 世界银行集团：制定系统性的评估框架

世界银行集团自 1945 年成立以来，一直致力于全球发展与重建，其业务自 1946 年 6 月正式启动。世界银行集团由五大机构构成，包括国际复兴开发银行（通常简称为“世界银行”）、国际开发协会、国际金融公司、多边投资担保机构以及国际投资争端解决中心。在气候投融资领域，世界银行集团主要通过国际复兴开发银行和国际开发协会这两个核心分支开展工作，它们将气候风险与效益评估深度整合进投融资活动的各个环节，从项目设计到实施，再到监测与评估。

为了系统地管理气候投融资中的环境与社会风险，世界银行集团于 2016 年 8 月发布了《环境和社会框架》（Environmental and Social Framework，ESF），并于 2018 年 10 月正式实施。这一框架旨在为所有气候投融资项目提供一个全面的评估与管理体系，确保项目不仅能够促进经济发展，同时也能妥善处理环境与社会问题。ESF 下设一套详尽的《环境与社会标准》（Environmental and Social Standards，ESS），涵盖了十个关键领域，包括环境与社会风险及影响的评估与管理、劳动条件、资源效率与污染控制、社区健康与安全、土地权益与非自愿搬迁、生物多样性保护、金融中介责任及利益相关者的参与和信息透明度。

针对 ESS1——“环境与社会风险和影响的评估与管理”，世界银行集团提供了一系列评估方法与工具，旨在帮助借款国在项目早期识别并评估潜在的环境与社会风险。这些工具包括环境与社会影响评估（Environmental and Social Impact Assessment，ESIA）、环境与社会审计、累积影响评估以及环境与社会管理框架（Environmental and Social Management Framework，ESMF）等。通过应用这些工具，世界银行集团与借款国能够在项目规划阶段准确预估风险水平，从而做出更加明智的决策，确保气候投融资活动既能够促进经济增长，又能够实现环境与社会的可持续性，最终达成双赢局面。这一系列的方法和工具的应用，使得世界银行集团能够与借款国共同识别和管理气候投融资风险，推动项目朝着更加绿色、包容和可持续的方向发展。

3. 英国绿色投资银行：着重进行情景比较

英国作为绿色金融领域的先驱，其发展动力源自活跃的金融市场参与者与众多非政府组织的积极推动，政府则在绿色金融体系成熟到一定程度后，以辅助角色出现，倡导市场主导的原则。英国政府的策略是，除非必要，否则避免直接干预市场，转而通过激励私营部门主动参与绿色金融的创新与发展。

英国绿色投资银行（Green Investment Bank，GIB）的成功，彰显了其在绿色金融领域的专业性和领导力。GIB 的卓越表现，归功于其严谨的绿色评估体系与精细的风险管理机制。该银行采用自上而下的风险管理策略，围绕其核心使命、战略目标与操作准则，构建了一套独特且全面的风险偏好制度、部门政策及操作流程。风险管理、内部合规与审计部门分工明确，通过情境模拟、因果分析、自我评估及风险因子登记等手段，双管齐下地评估风险的可能性与影响力。

GIB 面对的主要风险类型包括投资风险、绿色风险、运营风险、声誉风险与流动性风险。为了确保所有项目均符合绿色标准，GIB 设立了绿色投资部门，制定了与减排、资源效率、环境保护、生物多样性保护及可持续发展紧密相关的绿色评级标准，等级涵盖 A+至 E 级。每个项目必须达到至少一项绿色目标，否则即便预期回报丰厚，也无法获得批准。项目从筹备到执行的全程，均受到绿色投资部门的严密审查与持续监督，这些项目被要求在提案中详细列出其绿色评级、风险分析及管控措施。

GIB 的绿色评级体系综合了定量分析、投资理念与行业专家见解，形成了不可复制的核心竞争力。未来，GIB 计划使此管理模式更加标准化、国际化，推广至更广阔的绿色投资市场，如绿色债券评估，旨在引领更多投资者遵循这一高标准的绿色投资准则，共同推动全球绿色金融的发展。

4. 瑞士再保险公司：优化拓展传统巨灾模型

瑞士再保险公司是瑞士首屈一指的专业再保险巨头，同时是全球范围内仅次于慕尼黑再保险公司的第二大国际再保服务提供商，其业务重心在于为世界各地的客户提供一系列金融服务，包括风险转移、风险融资以及资产管理，特别聚焦于因气候变化引发的灾害风险管理。

在评估和应对气候相关风险时，瑞士再保险公司不仅考量了灾害发生的频次和强度，还引入了时间尺度与置信度这两个关键变量，从而实现了对保险行业面临的气候变化金融风险更为精准的量化。时间尺度的应用帮助人们理解过去气候变化的趋势，并对未来可能的变化做出科学预测，这对于制定长期策略至关重要。置信度的加入则反映了气候变化对气候模式概率分布的影响，以及对这些变化确定性的认知水平。

鉴于公众对于各类气候物理风险的理解程度参差不齐，加之对复杂气候系统中诸多因素间交互作用的认知局限，往往会遇到置信度的瓶颈。为此，在风险评估模型中充分考虑到不确定性，能够有效降低预测偏差，提升对气候变化趋势的认知精度和预测准确性，为保险业和客户提供了更加可靠的风险管理解决方案。通过这样的方法论，瑞士再保险公司致力于在不确定的未来中，为全球客户提供稳定且具有前瞻性的风险保障服务。

5. 清华大学：开发全方位分析风险的测度框架

马骏教授开创性地研发了两套专门用于量化气候投融资风险的测度框架。这两套框架运用压力测试与情景分析等方法，针对金融机构面临的气候转型风险和物理风险进行全面分析。

气候转型风险模型由几个步骤构成：首先，确立气候情景作为分析的基础；其次，评估这些情景对行业及宏观经济的影响，包括在基准和转型情景下各项经济指标的动态变化；再次，将宏观层面的分析结果转化为对微观企业财务状况的具体影响，观察企业财务指标的潜在变动；复次，在此基础上，进一步评估金融机构因企业财务变化而面临的金融风险；最后，探究由单个金融机构风险指标变动引发的系统性金融风险，以及对监管指标的连锁反应。

物理风险分析模型则由巨灾风险模型与金融风险模型两大部分组成。巨灾风险模型着重于评估气候变化加剧效应、历史灾害频发地区、资产暴露程度及资产脆弱性，旨在估算自然灾害造成的直接经济损失及间接经济损失，如生产停滞或产能下降带来的损失。金融风险模型则根据特定的研究需求，可以是银行贷款违约率模型、企业估值模型或保险精算模型，通过将灾害损失估算结果融入其中，能够预测违约概率、企业市值变动、保险产品定价调整或保险准备金的必要变更。

这两套模型的建立，为金融机构提供了有效工具，帮助它们在面对气候不确定性时做出更为审慎的投融资决策，同时有助于推动绿色金融领域的健康发展。

（三）各类测度工具与分析方法的比较评述

在对比分析各类气候投融资风险测度工具时，我们发现尽管它们拥有共同的初衷与相似的理论根基，但因开发主体、服务对象、风险类型、时间范围以及效果呈现等方面的差异，各自呈现出独特的特性，适用于不同场景，从而在实际应用中展现出不同的效能与前景。

1. 共性特征

开发目的相同：各种测度工具的设计初衷均在于帮助用户更精准地评估气候变化带来的金融风险，以优化气候投融资决策，加强监管效能。

基本原理相近：它们普遍遵循将气候风险转换为可量化的金融指标的逻辑，通过分析气候变化对资产风险敞口的影响，以及风险如何在微观和宏观层面上传导，最终量化为金融机构绩效指标的波动，实现对金融风险的评估。

2. 差异与优劣

开发主体不同：测度工具的开发者涵盖国际组织、政府机构、金融机构、科研机构及新兴科技公司，这决定了工具的官方背景或市场导向的差异。

服务对象不同：工具的服务对象从国家或地区的宏观层面，到具体项目的微观层面，再到特定金融机构，乃至保险公司，体现了工具应用领域的多样化。

风险类型不同：部分工具专注于泛化的绿色或环境风险评估，而其他工具则深入到具体的金融风险类型，如承保风险、市场风险、信用风险等，提供更精细化的风险分析。

时间范围不同：某些方法论仅限于事前评估，而一些先进的工具则能够覆盖事前、事中、事后全过程，为投融资双方提供全周期的风险管理支持。

效果呈现不同：一部分工具侧重于提供指导性意见，难以实现精确的风险量化；而另一些工具，如清华大学的框架和气候风险值模型，则能输出具体的财务指标或风险量化值，为决策提供更为直接的数据支持。

虽然这些测度工具具有相似的目标与原理，但它们的差异化特性使其在应用范围、风险类型覆盖、时间维度以及效果展示上各具特色，为气候投融资领域的参与者提供了多元化的风险评估与管理手段。

二、绿色金融的风险评级

（一）绿色金融的评级体系介绍

1. 绿色金融产品和机构的评级对象

（1）常见金融产品风险评级

在中国证券监督管理委员会的推动下，投资者适当性制度已经渗透到了基金销售、创业板、金融期货、融资融券、股转系统、私募投资基金等多个领域，旨在确保投资者能够在充分理解产品风险的基础上做出投资决策，避免盲目投资。这一制度的核心在于对投资者能力和产品风险进行匹配，通过建立投资者分类体系和产品风险评级机制，帮助投资者识别并选择适合自身风险承受能力的产品。

在日常的金融产品营销中，无论是传统的银行营业厅还是现代的互联网金融平台，如支付宝、腾讯理财通等，理财产品都会明确标注其风险等级和预期年化收益率。这些风险等级通常被划分为低风险、中低风险、中风险、中高风险和高风险几个级别，反映了产品可能面临的市场波动、信用风险、流动性风险等因素。例如，货币市场基金往往被归类为低风险，而股票型基金则可能被标记为中高风险。

风险等级的设定直接影响着投资者的投资策略和收益预期。一般来说，风险越高的产品，潜在的回报也可能越高，但同时损失本金的可能性也更大。因此，保守型投资者可能会偏好低风险产品，以追求稳定收入；而激进型投资者可能更倾向于高风险产品，以期获得较高的资本增值。

绿色金融产品作为一种新兴的金融产品，其风险评级同样遵循上述原则，但会额外考虑环境和社会因素。绿色金融产品旨在支持可持续发展项目，如清洁能源、节能减排、绿色建筑等，它们的风险评级除了考量传统的市场、信用和流动性风险外，还会评估项目对环境的影响以及其可持续性。这意味着，即便某些绿色金融产品可能在传统风险维度上与非绿色产品类似，其对环境保护的贡献可能为其带来额外的正面评价，同时可能因为项目特有的风险（如技术成熟度、政策变化等）而面临特殊的风险考量。

总之，无论是传统金融产品还是绿色金融产品，风险评级都是投资者做出明智决策的关键依据，它帮助投资者在追求收益的同时，对可能遇到的风险保持清醒的认识，从而促进整个金融市场的健康稳定发展。

（2）融资企业和金融机构风险评级

在绿色金融领域，风险评级不仅是对投资者承受力的考量，更是对绿色项目本身及其融资背景的深入剖析。这涉及对资金流向的绿色项目、企业或标的物的合理性、可持续性和盈利模式的严谨评估，以及对金融机构自身运营风险的审视。鉴于绿色金融活动的独特性，尤其是缺乏统一的绿色项目标准，金融机构在评定风险时需格外谨慎，以防潜在的欺诈行为，具体包括但不限于以下几种情形：

伪造绿色项目：一些企业可能通过编造虚假的绿色项目及相应证明材料，企图从银行或其他金融机构骗取信贷资金。

夸大绿色效应：将单一的小型绿色项目包装成企业全面绿色转型的幌子，或是将大型绿色项目拆分成多个小项目，以达到从多家银行或债券市场获取多重融资的目的。

资金挪用：以绿色名义筹集资金，但实际上并未将其投入真正的绿色项目中，而是用于其他非绿色目的。

保险欺诈：故意制造项目灾难，以获取保险赔偿金，这种行为不仅违背诚信原则，还可能触犯法律。

财务信息造假：通过篡改财务数据，以满足首次公开募股（Initial Public Offering，IPO）的要求，或是隐瞒有关环境违规和处罚的信息，以此误导投资者。

为了防范上述风险，金融机构在绿色金融活动中应当设立一套全面的风险量化评估体系，对拟投资的项目进行评分。对于绿色金融所涉及的公司信用风险评级，则主要从业务状况和财务风险两大维度入手。在业务状况评估中，评级机构会综合考虑企业所在国的宏观经济风险、行业特性，以及企业在市场上的竞争力，对其提供的产品和服务进行综合评价。而在财务风险评估中，则侧重于分析企业的运营现金流与债务比率（FFO/Debt）、债务与息税折旧摊销前利润比率（Debt/EBITDA）等核心财务指标，辅以其他财务指标，以评判企业的现金流健康程度和财务杠杆水平。

通过这样的多角度分析，金融机构能够更准确地识别和管理绿色金融活动中的风险，确保资金有效且负责任地流向真正有益于环境可持续发展的项目。

2. 国际相关风险评级体系和机构

国际绿色金融风险评级体系，核心聚焦于项目或公司的 ESG 表现，旨在通过详尽的分析来评估金融活动相关实体的可持续性及绿色属性。这一体系对于投资者至关重要，因为它提供了公正透明的视角，帮助他们理解并衡量目标企业或项目的 ESG 表现，从而做出更加负责任的投资决策。以下是三家主要国际评级机构的简介，它们在绿色金融与 ESG 评级领域扮演着举足轻重的角色：

明晟（Morgan Stanley Capital International，MSCI）：作为全球领先的ESG评级和研究机构，MSCI与众多资产管理公司合作，对全球范围内超过7500家实体及其超过13500家子公司发行的股票和固定收益证券进行评级。其风险评价体系全面，通过量化ESG成效，评估潜在的绿色金融风险。MSCI的评级方法着重于风险暴露和风险管理，同时，指标权重根据行业特点动态调整，以反映行业对特定ESG因素的敏感度和长期影响。

道琼斯（Dow Jones Industrial，DJI）：通过其可持续发展指数，道琼斯强调企业的可持续发展能力，该指数是全球绿色金融、社会责任及可持续发展领域的权威参考。金融机构在推动低碳经济转型和促进可持续发展中起着关键作用，它们通过金融创新来识别和缓解环境挑战，这一过程同样被纳入绿色金融评级的考量之中，涵盖从批发到零售银行、资产管理、财富管理等多个业务领域。

富时罗素（FTSE Russell）：富时罗素隶属伦敦证券交易所集团，在全球金融市场中拥有广泛的影响力，其ESG评级方法围绕三大维度展开，涵盖了14个主题，每个主题下设有10～35个具体指标，共计约300个指标。该评级体系全面而细致，使用公开资料进行评估，包括企业财报和企业社会责任报告等，并直接与企业沟通确认信息的完整性。富时罗素的评级注重行业差异性，为不同行业的企业提供有针对性的评估。

这些评级机构的ESG评级体系不仅促进了企业提升自身的可持续性表现，也助力投资者更好地识别和管理与绿色金融相关的风险，推动资本市场的健康发展和向可持续未来的转型。

3. 国内较有影响力的评级体系和机构

与国外评级体系和机构主要关注所投资公司不同，我国关于绿色金融的评级主要围绕金融机构的评级展开，将金融机构自身的绿色发展、绿色创新等作为评级的主题内容，以测评这类金融机构发展绿色金融业务的能力和风险控制水平。近年来，随着上市公司信息披露制度的完善，还有一些社会组织作为第三方借鉴国外的ESG指标体系进行评估。

下面对国内这类针对绿色金融的评级体系和机构进行介绍。

（1）中国人民银行：针对银行机构的评价体系

中国人民银行设计了一套评价体系，旨在全面评估银行业金融机构在绿色金融领域的表现，这一评价体系不仅限于对绿色贷款，还延伸至绿色证券、绿色股权投资、绿色租赁、绿色信托、绿色理财产品等多元化绿色金融服务。其核心目的是优化绿色金融激励与约束机制，鼓励银行等金融机构深化绿色金融业务，加大对高质量绿色低碳发展的金融支持力度，实现金融资源的有效配置。

该评价方案着重于对绿色金融业务绩效的考核，通过设立一系列定量与定性指标相结合的评级系统，旨在全面衡量金融机构在绿色金融领域的活跃度与效率。在评级指标构成中，定量指标占据了80%的权重，而定性指标则占据剩余的20%。具体而言，定量指标涵盖四个方面：绿色金融业务总额在总业务中的比例、绿色金融业务总额在市场总份额中的比重、绿色金融业务总额的同比增长率，以及绿色金融业务面临的风险总额在其整体业务风险中的占比。

在数据收集与计算方面，定量指标的数据主要来源于中国人民银行调查统计部门发布的绿色贷款余额，以及债券登记托管机构提供的绿色债券持有量，通过专业模型进行计算分析。而定性指标则依据中国人民银行对各银行日常管理实践、风险控制能力等方面的综合考量来确定。

评价工作由中国人民银行总部负责实施，针对全国性的几十家主要银行进行评价；地方分支机构则负责对其辖内银行法人机构的绿色金融表现进行评估。这一评价机制有助于推动中国银行业在绿色金融领域持续创新与进步，确保金融体系在支持经济绿色转型的同时，维持稳健运行与风险可控。

（2）中国工商银行：率先构建压力测试模型

中国工商银行在环境风险管理方面采取了创新举措，构建了一套专门针对环境风险的压力测试框架，该框架侧重于从行业层面进行评估。鉴于同一行业内企业通常面临相似的政策背景、行业规则和市场状况，其生产技术和环境影响具有可比性，而跨行业间的这些要素差异显著，因此，行业维度成为环境风险压力测试的理想切入点，保证了测试的科学性和准确性。工商银行特别关注高污染、高能耗行业，这类行业是国家环保政策调控的核心对象，面对更为严格的环境标准调整，承受着较高的环境风险和政策压力。

工商银行在设置环境风险压力情景时，充分考虑了中国国情与政策导向，如生态文明建设和减排目标等。不同于传统压力测试对极端经济事件的关注，环境风险压力测试更关注气候变化、极端天气事件以及环境政策变化对金融资产价值的影响，特别是在中国，环境标准提升被视为重要的压力场景，反映了绿色转型对金融稳定性的潜在冲击。

在客户信贷风险预警方面，工商银行引入了既反映信贷风险普遍特性，又兼顾绿色信贷独特属性的指标体系，遵循科学性、系统性、预测性和可操作性的原则，这一体系融合了“赤道原则”的理念，即国际银行业广泛采纳的环境与社会风险管理指南。在原有的信贷风险预警指标基础上，新增了环境风险指标，涵盖社会环境风险与自然环境风险两大类，旨在全面评估绿色信贷项目对社会与生态的潜在影响。

社会环境风险指标关注绿色信贷项目对法律法规的遵从、社区健康安全、劳工权益以及公众态度等方面，确保项目符合环保法规，维护社区福祉，促进公正就业，并通过透明沟通减少负面影响。自然环境风险指标则聚焦于土地使用、生物多样性保护、污染物排放控制以及资源能源利用效率，旨在减少项目对生态系统和自然资源的不良影响，推动可持续发展。

通过上述措施，工商银行不仅强化了对传统信贷风险的管理，还开创性地将环境与社会风险纳入考量，体现了金融机构在绿色金融领域的责任担当和前瞻性视野。

（3）商道纵横：聚焦上市公司的 ESG 评估

商道纵横是我国较为领先的企业环境和社会责任领域的独立咨询机构，旗下商道融绿团队结合全球 ESG 与绿色金融标准以及中国市场特点，专为我国企业评估开发了有效的ESG与绿色金融评级方法，并积累了大量数据。

（4）社会价值投资联盟：关注企业的绿色责任行为

社会价值投资联盟（简称“社投盟”）作为我国首个致力于推动绿色金融与可持续金融发展的国际性非营利组织，由友成企业家扶贫基金会、中国社会治理研究会、中国投资协会、吉富投资和清华大学明德公益研究院等核心机构牵头发起，吸引了近50家合作伙伴共同创立。社投盟的成立旨在深化企业层面的绿色责任实践，通过构建一个综合评估体系，引导绿色金融行为向更理性的方向发展。

该联盟的评估框架聚焦于三大关键领域：目标（驱动力）、方式（创新力）与效益（转化力）。目标维度考察企业推动绿色金融的内在动机与承诺；方式维度评估企业采用的创新手段和机制以实现绿色目标；效益维度则衡量企业绿色行动转化为实际成果的能力。这一多维评价体系不仅有助于识别企业在绿色金融实践中的强项与短板，也为投资者提供了清晰的指导，使其能够做出更具社会责任感的投资决策。

社投盟的评级体系由两个核心组件组成——筛选子模型和评分子模型。筛选子模型用于初步鉴定企业的绿色资质，确保只有真正致力于绿色金融的企业才能进入评估流程。评分子模型则进一步深入分析，对企业的绿色表现进行细致的量化评分，以此为基础，社投盟能够为企业颁发不同等级的绿色金融评级，促进市场对绿色金融的认知和接纳，同时激励企业不断提升其绿色责任水平。通过这一系列的评估与评级，社投盟有效地推动了绿色金融在我国乃至全球的健康发展，为可持续金融的未来铺平了道路。

（二）我国绿色金融评级的发展趋势

1. 我国银行业绿色金融评级趋势

新版绿色金融评级方案（简称“新版方案”）体现了对绿色金融体系的深化与扩展，具体表现在以下几个方面：

首先，新版方案显著拓宽了评价的覆盖领域。原先仅针对银行业存款类金融机构的绿色信贷业绩评估，现升级为面向所有银行业金融机构（包括法人机构）的绿色金融业务全面评价。鉴于界定标准及数据获取的现实考量，目前的拓展重点在于境内绿色贷款至境内绿色债券，但方案在未来可能进一步囊括更多类型的绿色金融产品和服务，展现了绿色金融体系的动态演进趋势。

其次，新版方案显著增强了评价结果的实用性和影响力。旧版评价结果仅应用于宏观审慎考核范畴，而新版则将应用范围延伸至央行金融机构评级及其他政策工具和审慎管理机制中，鼓励各层级人民银行分支机构、监管机构以及市场参与方积极发掘并合法合规地扩展评价结果的使用场景。值得一提的是，新版方案不再限制评价结果的公开披露，反而倡导银行业金融机构主动公布其绿色金融评价状况，体现了政策导向上对透明度提升和信息共享的鼓励态度。

再次，新版方案在量化评估模型中赋予了纵向评价更高的权重，从原先的20%提升至40%，而横向评价的权重则相应下调至60%。这一调整表明，监管层更加重视银行自身的持续进步而非仅仅关注其与同业的相对位置，凸显出鼓励银行内部绿色金融表现提升的核心意图。同时，新版方案去除了“绿色贷款增量占比”的环比回顾，转而保留并强调“绿色信贷余额同比增速”，进一步强化了对年度间变化趋势的关注。

最后，定性指标的评价内容得到了显著丰富和细化。新版方案新增了对银行绿色金融制度建设与实施成效的考察，涵盖了绿色债券持有、发行与承销状况，以及绿色金融战略规划、气候与环境风险管理等多个维度。同时，对于支持绿色产业发展的情况，新版方案首次将资金流向境外绿色项目和产业的规模、利率及具体投向纳入考量，展现了评价体系对全球绿色经济合作与发展的关注和支持。

新版绿色金融评级方案通过扩大评价范围、增强评价结果的利用、调整量化指标权重以及细化定性指标内容，旨在构建更为全面、深入且具有前瞻性的绿色金融评价体系，引领银行业金融机构在绿色金融道路上稳健前行。

2. 我国保险业绿色金融风险评级趋势

在传统保险业务框架下，保险公司主要聚焦于人身保险和财产保险两大核心领域。然而，随着环境保护意识的提升和污染治理措施的加强，保险行业正在经历一场绿色转型。依据中国保险行业协会的公开数据，国内保险公司开始接受绿色风险评级，这不仅促进了环境污染责任保险的发展，还催生了一种全新的“保险＋服务＋科技”模式。

保险公司不再局限于提供单一的保险产品，而是通过整合互联网技术与第三方环保服务，为投保企业打造了一站式解决方案。这种模式覆盖了从投保咨询、承保审批、风险监测到理赔处理的全周期服务，其中包含事前的风险评估、事中的隐患排查以及事后的损害鉴定等关键环节，确保了对环境风险的有效管理和防控。

与此同时，银行体系也在积极应对气候风险，通过情境分析评估转型风险对违约概率的影响，并对客户及其风险敞口进行详尽分析，推动开发新的压力测试方案。欧洲中央银行（The European Central Bank，ECB）已启动了大规模的气候风险压力测试，涉及众多银行。由于物理风险在长期看来可能超过转型风险，测试同时涵盖了这两种风险类型，要求银行从多个角度进行准备。

展望未来，保险业将更加注重绿色金融的创新与发展，鼓励保险机构深度参与环境风险治理和气候变化应对。保险公司将利用互联网技术建立环境风险监控和预警系统，实时监测潜在风险，定期评估环境状况，及时预警，以提高理赔效率。同时，保险机构还将承担起教育者角色，普及环境风险管理知识，增强企业和公众的环保意识，共同构建一个更加可持续的未来。

（三）绿色金融评级对风险管理的作用

金融机构作为经济体系中风险防控的第一线，肩负着识别、评估和控制风险的核心职责，其稳健运营对整个市场至关重要。信用评级作为金融机构决策的关键参考，发挥着保护市场透明度的作用，它不仅有助于防范信用风险，还能促进市场效率的提升和企业治理结构的优化，为资本市场营造一个公平、公正且诚信的环境。

在商业银行的日常运作中，信用评级是决定贷款风险等级的基石，对于信贷资产的风险管理至关重要。中国人民银行发布的年度《中国金融稳定报告》对国内金融机构的健康状况进行了全面评估，评级体系涵盖了从 1 ~ 10 的 10 个等级，其中，较高的评级意味着更高的风险。这一评级体系对金融机构造成了显著的压力，尤其是当评级达到 8 级或以上时，金融机构将面临更为严格的监管限制，包括金融政策支持的减少、业务准入门槛的提高以及再贷款额度的降低。因此，强化风控能力，培养一支专业且高效的风控团队，成为金融机构提升自身竞争力、抵御金融风险的关键。

在全球化背景下，贸易保护主义的抬头、国际经贸摩擦的加剧，以及主要经济体货币政策的调整，均对全球金融市场稳定性构成挑战。这些不确定性因素增加了金融风险的复杂性，要求金融机构的风控部门具备更高的敏锐度和更强的应对能力，以确保金融安全网的稳固。

对于绿色金融这一新兴领域而言，其固有的风险特性要求金融机构采取更为谨慎的态度。绿色金融评级不仅能够协助金融机构识别并管理风险，还能促进绿色项目的健康发展，确保资金流向环境友好型项目，实现经济效益与社会效益的双重提升。通过有效的绿色金融评级体系，金融机构能够精准评估绿色金融资产的风险水平，采取适当的管理措施，保障投资安全，同时为投资者创造长期价值，推动金融市场的可持续发展。在全球经济形势多变的当下，强化绿色金融领域的风险管控，不仅是金融机构的责任，也是其抓住机遇、应对挑战的战略选择。

第三节　绿色金融风险管理策略与实践

一、金融机构关于绿色金融风险的管理

（一）绿色金融风险的管理体系

1. 市场关于绿色金融风险的管理原则

（1）市场对于金融风险管理的认识

金融风险管理是金融机构核心竞争力的体现，涉及识别、评估和控制各种金融风险，旨在平衡风险与回报，确保机构的稳健运营。鉴于金融风险可能对经济稳定、金融系统乃至国家安全造成深远影响，国际上各大金融机构、政府监管机构以及学术界正合力探索先进的风险管理技术和策略，力求实现对金融风险的精准把控。

随着现代经济对金融业的依赖程度不断加深，金融风险管理已成为企业与金融机构战略规划的关键组成部分。特别是在国际格局深刻变革的背景下，金融市场波动加剧，传统规则被颠覆，这不仅考验着金融机构的应变能力，也激发了对风险管理理论和工具创新的强烈需求。经济学与金融学理论的进步，加之信息技术的飞速发展，为金融风险管理提供了坚实的理论支撑和高效的技术手段。

在实际操作层面，金融风险管理通常遵循一套系统化流程，首要任务是明确风险管理的目标，这决定了后续所有行动的方向。随后，进行风险评估，即通过量化分析

识别潜在风险的性质和程度，这一环节是制定有效应对策略的前提。最后，实施风险控制措施，这包括风险规避、风险转移、风险缓解和风险接受等一系列策略，旨在将风险控制在可接受范围内，确保机构资产的安全和业务的持续发展。

总而言之，金融风险管理是一个动态、复杂的决策过程，它融合了理论知识、实践经验和技术应用，是金融机构在不确定环境中维持竞争优势和实现长远发展的关键。在全球化和数字化的今天，金融机构必须不断提升风险管理能力，以适应快速变化的市场环境，保障自身及客户的利益。

（2）市场关于绿色金融风险管理的原则

市场对绿色金融风险的认知逐渐深化，主要聚焦于自然物理风险对资产盈利能力的潜在威胁。金融机构在管理此类风险时，核心挑战在于将环境气候风险量化，并融入资产价值评估模型，使之成为金融定价的关键考量。为了有效应对绿色投资中的不确定性，金融机构应遵循一套指导原则，以确保风险管理的有效性和可持续性。

首先，经济性原则强调成本效益的平衡，即在风险管理过程中追求总成本最小化。这意味着在分析绿色项目时，需要对收益与支出进行全面而严谨的评估，确保以最具经济效益的方式达成安全目标。

其次，整体性原则要求从全局视角审视风险，考虑到投资全貌中的各个风险要素及其相互作用，尤其在处理气候变化相关的投资时，要重视长期累积效应，确保风险策略覆盖整个投资周期。

再次，全程管理原则主张在投资的各个阶段持续监控风险，每个阶段都有其独特的风险特征，需采取针对性的风险管理措施。从设定投资目标，到策略执行，再到操作层面，全程风险管理保证了对风险的及时响应与调整。

基于以上原则，金融机构可以创新运用多种工具与服务，如混合融资和资产证券化，以缓解绿色金融领域常见的资金短缺、期限错配等问题。此外，建立绿色风险模型、绿色项目数据库，以及绿色信用评级体系，有助于提升识别与评估绿色金融风险的能力。通过国际合作，借鉴国际金融机构在气候风险防控和产品创新方面的经验，能够拓宽绿色投融资渠道，增强风险管理的专业性和有效性。

最后，金融机构内部构建了评价考核体系和统计机制，结合政府的绿色激励政策，如财政补贴、税收优惠等，共同降低了绿色金融活动的成本和风险，促进了绿色经济的健康发展。总之，遵循这些原则并运用创新策略，金融机构能够在绿色金融领域实现风险的精细化管理和可持续发展。

2. 绿色金融风险的管理目标

强化金融机构的绿色金融能力建设，精进绿色金融风险管理，不仅能够推动绿色产业的茁壮成长，还能拓展绿色金融服务的边界，同时减轻由新兴金融场景引发的未知风险。这涉及三个方面：

首先，构建全面的绿色金融产品与标准体系，是优化风险管理的核心。金融机构需开发涵盖绿色信贷、绿色债券、绿色保险、绿色基金、绿色信托、绿色租赁、绿色资产证券化等多元化的绿色金融产品和服务，确保与国内外绿色标准的一致性。通过精准运用碳减排支持工具，强化对清洁能源、环保节能、碳减排技术等关键领域的资金投入，以此加速绿色产业的扩张。

其次，绿色金融风险管理的提升，使得金融服务能够更广泛地渗透至农业、农村和普惠金融领域，赋能小微企业与农业绿色转型。鉴于绿色金融与普惠金融均面临高信息不对称和波动性的挑战，强化风险管理能力有助于金融机构发现两者间的协同点，运用数字化手段克服信息障碍，激活绿色资产，降低成本，加速小微企业和农业的低碳化进程。

最后，面对新兴金融场景可能带来的不确定性风险，更高效的绿色金融风险管理至关重要。考虑到中国能源结构的特点，即煤炭资源丰富而石油与天然气相对匮乏，以及高碳行业在国民经济中的重要地位，金融机构应当审慎评估碳密集型经济活动的绿色转型融资需求。通过细化转型活动的分类与技术标准，创新转型金融工具，加大资金支持，可以有效预防转型过程中的系统性风险，确保高碳行业向低碳经济的平稳过渡。

通过加强绿色金融风险管理，金融机构不仅能够促进绿色产业的繁荣，还能够深化绿色金融服务的普及，同时防范新兴金融场景带来的风险，助力经济社会全面绿色转型。

3. 绿色金融风险的管理流程

绿色金融风险管理借鉴了传统金融风险管理的框架，主要由目标设定、风险评价及风险控制与处置三个关键步骤构成，旨在确保金融机构在支持绿色经济的同时，维护自身的稳健运行。

目标设定：绿色金融风险管理的核心目标在于通过对潜在风险的识别与量化，制定有效的控制策略与应急计划，以最大限度地降低损失，保障资金筹集与运营活动的健康有序。金融机构需依据绿色金融产品的特性，明确风险管理的具体目标，确保风险管理措施与业务发展相协调。

风险评价：这一阶段涉及风险识别、衡量与管理策略的选择。首先，通过调研与分析，系统归类并全面审视潜在及现存的各类风险；其次，运用统计与建模方法，评估风险发生的概率及潜在损失的程度；最后，在此基础上，综合考虑风险管理目标，甄选合适的工具与策略，形成风险管理方案，这是整个风险评价环节中最关键的部分。

风险控制与处置：作为风险管理的实践环节，风险的控制与处置策略主要分为控制法与财务法两种。控制法可以在风险发生前，通过避免风险、损失控制及风险分散等手段，减少风险诱因，降低损失可能性；财务法则侧重于风险事件发生后的损失补偿，借助保险、储备基金等财务工具，迅速弥补损失，促进业务快速恢复。

绿色金融风险管理是一个系统性工程，要求金融机构在风险识别、评估、控制与处置的全过程中，持续优化风险管理策略，确保绿色金融活动既能促进环境可持续发展，又能保障金融机构的财务安全与市场竞争力。

（二）绿色金融风险的报告编制

1. 报告编制的基本思路

随着绿色金融理念在全球范围内的普及与深化，金融机构、投资者和企业日益认识到绿色金融风险管理的重要性。为了应对这一趋势，众多金融机构内部设立了专门的绿色金融管理部门，将绿色金融风险的管控纳入核心工作议程。这些部门致力于构建和完善风险报告体系，实现对绿色金融风险的持续监测，定期编制风险报告，确保风险信息能够在机构内部以及更广泛的金融市场中得到准确、及时的传播。

然而，绿色金融风险管理报告的编制仍处于探索阶段，缺乏统一的框架和标准。学术界和业界正积极研究这一新领域。报告的编制逻辑通常遵循风险的发生流程，涵盖风险的识别与归纳、风险的传导路径分析、风险的影响预测以及应对措施的设计。当前，金融机构在编制此类报告时，多参照以下几种体系。

环境信息披露报告编制体系：该体系要求企业详细记录和报告其环境影响，包括资源消耗、污染物排放等，为绿色金融风险报告提供了一个关于环境因素的基础视角。

ESG 报告编制体系：即环境、社会和治理报告体系，它强调从更广泛的社会责任角度出发，全面评估企业的可持续性表现，为绿色金融风险报告增加了社会和治理维度的考量。

环境风险评估报告编制体系：特别针对那些直接或间接影响环境的业务活动，评估潜在的环境风险及其对企业财务状况的影响，为绿色金融风险报告提供了具体的环境风险分析模板。

随着环境信息披露成为上市公司强制性要求的一部分，以及 ESG 报告在企业社会责任披露中的重要地位不断提升，这些体系不仅为绿色金融风险报告的编制提供了宝贵的参考，也促进了市场参与者对绿色金融风险进行更加深入的理解和有效管理。未来，随着绿色金融实践的不断成熟，预计会有更多针对性强、标准化程度高的报告编制指南和框架出现，以进一步规范和提升绿色金融风险管理的专业水平。

2. 报告的主要内容

在着手编制关于绿色金融风险管理的报告时，首要任务是确立清晰的目标导向，特别是在专注于节能环保领域的绿色金融活动中，报告的结构与内容需精心设计，以达成以下核心目的。

合规与透明度提升：报告旨在响应监管机构与证券交易所的指导方针，满足其对上市金融机构及企业在绿色金融风险管理及 ESG 信息披露方面的具体要求。所披露的信息详实且透明，为投资者提供深入洞察，使其能够全面评估公司的绿色金融风险管理和绩效情况，从而做出更为明智的投资决策。

展现全面风险管理成效：报告应凸显企业对绿色金融风险实施的全面管理闭环，不仅限于环境层面，还应涵盖员工福祉、客户关系、社区互动及公司治理等多元领域。通过综合展示这些方面的经营成果，报告有力证明了企业致力于可持续发展与履行社会责任的承诺。

促进多方沟通与社会价值创造：作为一套标准化且灵活可复用的沟通工具，报告架起了上市金融机构及企业与各利益相关方之间的桥梁，包括投资者、政府机关、客户群体、媒体及公众等。借助这份报告，企业能够有效地传达其绿色金融理念与实践，增进社会理解与认同，进而积累宝贵的社会资本，塑造正面的品牌形象。

一份高质量的绿色金融风险管理报告不仅是对外展示企业绿色金融实践与风险管理能力的窗口，也是内部管理优化与外部关系建设的关键环节。它有助于强化企业与利益相关者之间的信任，推动绿色金融事业的长远发展。

二、银行业和保险业的绿色金融风险管理实践

（一）银行业绿色金融风险管理

1. 银行业绿色信贷目前存在的风险点

我国的绿色信贷项目，作为绿色金融体系的重要组成部分，主要聚焦于促进绿色经济、低碳经济以及循环经济的发展。这一体系覆盖了两方面：一方面，它支持节能环保、新能源、新能源汽车等战略性新兴产业的生产制造环节，旨在推动技术创新与产业升级；另一方面，它涵盖了广泛的服务和支持项目，如绿色农业开发、工业节能节水环保、自然生态保护、资源循环利用以及绿色交通系统等，共计 12 个类别，共同致力于构建可持续发展的经济生态。

尽管绿色信贷政策在国家绿色金融战略的引领下展现出强大的政策导向力，但在实际执行过程中，依然面临着一系列挑战。其中，政策实施的复杂性、监管的局限性以及信息透明度的缺乏成为主要障碍。此外，商业银行往往因追求短期经济效益而对环保项目的支持力度不足，加之激励机制的缺失，导致绿色信贷在推动环境治理方面的潜力未能充分释放。

值得注意的是，近年来的案例显示，银行业普遍担忧绿色信贷可能带来的风险，尤其是涉及“两高”（高污染、高能耗）行业的贷款，如钢铁、水泥等。这些行业虽然短期内资金需求量大，但如果银行未能有效加强环境风险管理，一旦融资企业出现环境污染事故，不仅会损害银行的社会声誉，而且可能直接威胁到贷款的安全回收，加剧信贷风险。

因此，为了确保绿色信贷政策的有效性和可持续性，我们需要从完善政策框架、强化监管机制、提高信息透明度以及建立健全激励体系等方面入手，形成全面的环境风险管理策略，以期在推动绿色发展的同时，保障金融系统的稳定与健康。

2. 银行业绿色金融风险管理流程

为了有效防控环境风险，贷款银行在业务操作中通常会构建一套全面的环境风险管理体系，这一流程大致分为几个关键步骤：第一步，对项目的环境影响进行全面评估；第二步，开展环境审计工作；第三步，进行环境风险与信贷风险的综合评估；第四步，基于评估结果，与借贷方协商并签订包含环境条款的协议；第五步，将环境风险管理的成本因素计入贷款利率之中；最后，实施贷后的持续环境风险管理，确保项

目运行期间的环境合规性。

项目融资与传统融资在信贷审查过程中的关注点存在差异，环境风险管理的侧重点也随之变化。项目融资主要依据项目未来的预期收益来评估贷款可行性，借贷方通常是为特定项目设立的公司，缺乏过往业绩记录供银行参考。在这种情况下，传统的贷前环境审计难以实施。因此，环境风险评估的核心在于项目的环境影响评估。

具体而言，这一流程要求贷款申请方在提交融资请求时，必须同步提供由项目所在地相关机构批准的环境影响评价报告及审核通过的证明文件。同时，申请方还需依据“赤道原则”进行环境影响评估，并制定相应的环境问题解决方案。银行在收到申请后，应派遣环境风险管理专家对项目进行实地考察与审核。审核结果与建议需上报至银行董事会审议，确保高层对环境风险有充分认识。如果在贷款发放后，项目出现了未曾预见的环境问题，则需重新进行环境影响评估，以及时调整风险管理策略。

通过上述体系化的管理流程，贷款银行能够有效地识别、评估和控制与项目相关的环境风险，确保信贷活动与环境保护目标相协调，促进可持续发展。

（二）保险业绿色金融风险管理

从金融学视角审视，保险实质上是一种精妙的风险管理工具，其核心功能并非消除风险，而是通过集体分担的方式，实现风险的转移与分散。然而，保险行业的风险管控本身亦是一项挑战，尤其在当前深化行业改革的大背景下。尽管保险市场蓬勃发展，但存在着一些保险公司或个人违规操作的现象，这不仅加剧了市场风险，还引发了公众高度关注的系列事件，凸显出风险防范的重要性。

保险业务本质上涉及资产负债的精细管理，客户购买保险的前提是相信保险公司能持续稳定运营。为此，监管框架与保险保障基金等机制在维护市场秩序方面扮演着关键角色，但这些措施对于某些复杂风险的抵御能力仍有待提升。无论是在人寿保险领域还是财产保险范畴，保险公司的稳健经营对于国家经济和社会的健康发展都至关重要。

当前，我国正加速推进生态文明建设，致力于打造美丽中国，倡导绿色发展，绿色金融成为重要推手。随着绿色理念日益深入人心，制定适用于银保领域的绿色金融指导方针显得尤为必要。此举有助于健全绿色金融政策体系，弥补现有制度空白，引领金融机构强化绿色管理实践，促使保险业在绿色投资与风险管理中扮演更加积极的角色，共同促进经济社会的可持续发展。

1. 保险业的绿色金融风险管理概述

保险业绿色金融风险管理政策与机制是保险机构响应全球绿色转型号召，通过创新的保险产品与资金运用，支持可持续发展目标的关键框架。从负债端来看，绿色保险的开发旨在强化环境风险的管理，推动绿色产业成长，促进绿色技术的市场应用，增强生态系统的保护力度，以及提升对极端天气与自然灾害风险的应对能力。此类保险不仅局限于传统的环境污染责任险，更拓展至碳汇保险、巨灾保险、绿色建筑保险、基于使用量的车险等创新领域，为绿色经济保驾护航。

资产端则聚焦于保险资金的绿色投资，保险公司通过私募基金、产业基金、公私合作模式，直接投入清洁能源、水资源管理、污染防治等绿色项目，同时利用绿色债券和资产管理产品，为绿色产业注入资本活力。保险资金的长期性和稳定性与绿色产业的长周期特性相契合，有效满足了绿色项目对长期资金的需求，同时也促进了绿色信贷的增信，拓宽了绿色企业的融资路径。

在实践中，我国保险业虽然起步较晚，但正迅速融入绿色金融体系，通过提供责任保险、保证保险等定制化产品，服务于清洁能源、新能源汽车、绿色建筑等领域的公司与项目。绿色保险不仅涵盖环境污染责任保险、气候保险、巨灾保险等，还扩展到低碳产品责任保险、船舶污染保险、森林与农业灾害保险等多个维度，展现了保险业在环境风险管理中的专业性和创新力。依托成熟的财产保险经验，保险公司能够精准识别并管理环境风险，协助企业提升风险预警与控制能力，推动绿色产业健康有序发展，为构建绿色金融生态贡献智慧与力量。

2. 绿色保险产品的风险管理实践

环境污染责任保险作为绿色保险的核心组成部分，承担着分散企业环境风险的重要任务。鉴于环境污染的隐匿性与复杂性，环境侵权案件的判定难度颇高。伴随全球对环境问题的日益关注，法律趋势正转向对受害者权益的强化保护，包括诉讼门槛的降低、无过错责任原则的应用、举证责任的倒置等。然而，企业面临的环境责任压力也随之增大，潜在的巨额赔偿与罚金可能危及企业生存。为此，环境污染责任保险应运而生，旨在通过社会化分担机制减轻企业负担，同时确保受害者得到及时补偿。该保险类型的技术含量远超常规责任保险，要求保险公司具备专业的环保知识，针对每个投保标的进行个性化风险评估，设定差异化的保险费率，以应对可能涉及的高额赔偿与清理费用。

低碳保险是应对气候变化风险的新型保险业态，它涵盖了碳交易信用保证、碳中和保险、清洁发展机制下的碳交付保证、排放交易保险、碳资产保险以及天气相关巨灾保险等。面对气候保险的技术挑战，如历史气象数据的缺失及其与损失关联度的不确定性，保险公司需与气象机构、科技公司等建立紧密合作，利用先进科技如无人机、卫星遥感及大数据分析，以实现更精准的保险产品设计与定价，扩展承保范围。

绿色建筑保险则专注于建筑全生命周期的绿色风险管理，鉴于建筑行业在全球温室气体排放中占据重要份额，绿色建筑保险旨在鼓励建筑的环保与能效优化，确保其达到绿色建筑标准。在国际上，这类保险通常分为绿色建筑财产保险与职业责任保险两大类，支持传统建筑在遭受损毁后按绿色标准重建，已在美国、英国、加拿大等国广泛推行。尤其是在美国，绿色商业建筑在初期需缴纳保险费，但若其运营成本低且节能效果显著，银行可能会在抵押贷款中减免这部分费用，从而促进绿色建筑的普及。

3. 绿色保险对绿色资产价值实现的作用

金融风险控制与管理的核心宗旨在于通过策略性的预防与应对措施，降低潜在风险事件的影响，从而守护财务健康，确保资产安全并促进其增值。这一过程不仅旨在规避重大损失，还致力于在风险事件不可避免时，将其冲击降至最低，确保组织的持续稳定与发展。

绿色保险作为一种创新的金融工具，专为绿色资产与生态资源设计，其独特之处在于被保险标的往往具备显著的社会与环境溢出效应。与传统金融资产的风险管理相比，绿色保险的实施更多地聚焦于环境保护与生态价值的维护。其成功实施不仅能有效防控与绿色项目相关的各类风险，还能积极促进生态系统的恢复与增强，提升生态产品的市场价值，最终服务于可持续发展目标。

绿色风险管理的实质是在追求经济效益的同时，强调对自然资本的尊重与保护，通过保险机制分散和抵御由环境变化带来的不确定性，为绿色经济保驾护航。这一理念超越了单纯的财务考量，将生态福祉纳入风险评估与管理框架，实现了经济、社会与环境三者间的和谐共生。

三、证券业的绿色金融风险管理实践

（一）证券业绿色金融风险管理的介绍

绿色证券一般是指募集资金主要用于支持绿色产业项目的证券，主要包括绿色债券、绿色资产支持证券等绿色基础证券以及基于绿色基础证券的绿色指数与绿色基金产品等。发展绿色证券有利于发挥资本市场优化资源配置、服务实体经济的功能，支持和促进生态文明建设，贯彻和落实绿色发展与可持续发展理念。既然是一种金融行为，就会面临金融风险的问题。

1. 证券业绿色金融风险管理相关政策和机制

（1）证券业绿色金融发展的背景

绿色金融活动作为现代金融市场中的新兴领域，围绕绿色资产、碳定价、绿色投资等核心概念，展现出独特的金融特性。它旨在通过金融工具和市场机制，有效降低与环境相关的不确定性，优化资源配置，引导资金流向低碳、环保的产业，促进经济的可持续发展。具体而言，投资银行及证券行业扮演着关键角色，它们不仅需要识别和评估绿色项目的投资价值，还要创新金融产品，如绿色债券、绿色资产支持证券等，以满足市场对绿色金融产品的需求，并通过绿色指数和基金等形式，进一步拓宽绿色投资渠道。

在证券市场中，绿色金融活动尤其体现在对上市公司环保责任的要求上。这包括在上市融资及再融资阶段引入环保审核，建立一套全面的绿色证券市场体系，涵盖市场准入、增发配股及环境绩效披露等环节，以确保资金流向符合环保标准的企业，特别是限制高污染、高能耗企业的无序扩张。这种市场导向的机制，相较于传统的绿色信贷，更侧重于直接融资渠道的规范，通过严格的监管政策，促使企业重视环境责任，提高资源使用效率，减少污染物排放。

绿色证券政策的实施，不仅有助于控制污染和节能减排，还促进了资源型产业的升级与转型，支持绿色资源开发和高效资源利用。证券行业通过专业评估，发掘绿色资产的价值潜力，开发相关金融产品，为企业提供资金支持，特别是在土地、劳动力、技术和生产设备等方面的投入，加速了生态经济的发展。同时，绿色金融结合政策扶持与创新，能够有效缓解中小企业融资难题，引导资源合理分配，推动产业结构向绿色化方向优化。

绿色金融在证券市场的应用，不仅限于限制污染企业的融资，更在于构建一个全面的绿色金融生态系统，通过多元化的金融产品和服务，激励企业和社会各界共同参与绿色转型，实现经济发展与环境保护的双赢。证券业作为其中的关键参与者，利用其专业能力，为绿色金融的推广和发展提供了坚实的基础。

（2）我国绿色证券发展的政策介绍和风险管理策略

我国的绿色证券政策，作为环境经济政策的一部分，着重于构建针对上市公司的三大制度体系：环保核查、环境信息披露以及环境绩效评估。这套体系旨在对企业从上市初期至后续融资阶段，乃至持续运营期间的环境行为，形成全方位的监管框架。该政策的出台，意在引导投资者关注并倾向于绿色企业，使其环保表现成为投资决策中的重要考量因素，从而促进企业环保意识与实践的提升。

从投资者角度分析，环保政策的调整或确立会促使市场参与者深入评估上市公司的环保状况，环保表现不佳可能会影响企业的品牌形象与投资吸引力。因此，环保议题已从单一的管理层面问题，演变为影响企业市场价值的关键因素。

尽管政策层面已着手构建相应的规章制度，但环保改革触及广泛的利益格局，导致整个体系的完善与执行面临挑战。信息共享机制的欠缺，尤其是跨部门、跨层级的信息协同，制约了政策制定的精准度与执行效果的评估。此外，行业环境损害评估、环境成本核算等基础研究的缺失，以及政策配套名录和标准的不健全或滞后，都对绿色证券政策的有效性构成威胁。加之现行的法律框架在支持绿色证券方面尚存空白，未能为市场主体提供清晰的法律指引，影响了政策的落地实施。

借鉴过往经验，证券市场在绿色投资领域的风险控制根本在于健全的环境法律法规。然而，我国在引入绿色证券制度时，缺乏统一的上市公司环保审核标准、详尽的环境绩效评价体系，以及配套的政策细则，加之法律责任界定模糊、救济措施不足，导致环保核查与上市准入审查缺乏科学依据和严格流程，进而影响了政策预期目标的达成。

鉴于此，绿色金融法律体系的建设与完善成为提升证券业绿色金融风险管理的关键。只有细化监管标准，明确法律责任，建立健全的救济机制，才能确保绿色证券政策的顺利推行，促进绿色经济的健康发展。

2. 证券业绿色金融实践与风险管理案例

在实体经济逐步迈向低碳发展的新时代，通过能效提升、科技革新与产业结构优化等途径，能够加速绿色转型。金融行业作为经济血脉，与实体产业紧密相连，共同推进绿色金融的发展，不仅支撑着现代化经济体系的构建，也是实现可持续发展目标的关键驱动力。近年来，金融界对绿色产业的支持力度与效率显著增强，特别是在推动“双碳”目标（碳达峰与碳中和）的背景下，金融机构创新融资模式，助力新能源产业的成长及传统能源行业的绿色转型。

证券公司作为资本市场直接融资的核心力量，发挥着引导资金流向绿色经济的关键作用。它们通过投资银行与资产管理业务，为产业的绿色化发展提供必要的资本支持。例如，广发证券股份有限公司（简称“广发证券”）作为行业先锋，通过发行绿色债券与运用绿色金融工具，如绿色融资租赁，有效地动员社会资源投入环保项目，促进了绿色产业的繁荣。

广发证券秉持 ESG 原则，致力于绿色运营，力求减少业务活动对环境的影响，主动应对全球气候变化挑战，为建设生态文明、实现“双碳”目标贡献力量。具体而言，该公司在绿色金融领域的行动主要分为两个方面：

首先，广发证券积极承销绿色债券，利用债券市场作为直接融资平台，优化社会融资结构，降低融资成本。广发证券响应国家绿色发展战略，为各类客户发行绿色债券，覆盖交通、能源、公共事业等多个关键行业，募集资金专项用于新能源开发、产能升级、基础设施建设、城市轨道交通等国家政策鼓励的绿色项目。

其次，广发证券及其子公司广发基金管理有限公司，深入贯彻 ESG 责任投资理念，持续完善 ESG 投资管理体系，将 ESG 因素纳入投资决策考量，倡导长期、负责任的投资行为，引领市场向更加绿色、可持续的方向发展。

通过上述实践，广发证券不仅展现了其作为金融机构的社会责任，也为绿色金融在我国的推广与深化提供了有益的示范。

（二）绿色债券风险管理的介绍

1. 绿色债券风险特点和成因

绿色债券作为一种创新的金融工具，旨在为符合特定环保标准的项目筹集资金，其核心理念在于促进可持续发展和应对气候变化。在国际上，气候债券倡议组织（Climate Bonds Initiative，CBI）将其界定为专门用于资助或再融资新增或现有绿色项目的债务工具，这些项目需遵循绿色债券原则或绿色贷款原则。项目范畴广泛，涉及能源、交通、水资源管理等关键领域。在国内，绿色债券的定义与国际标准相契合，强调资金需专用于绿色低碳项目，且发行的证券属于固定收益类。

绿色债券市场服务于多元化的绿色项目，包括但不限于污水处理、清洁能源、公共交通、生态修复、环保产品开发等。与传统债券相比，绿色债券吸引着那些注重环境效益的投资者，为他们提供了一种将资金投向可持续项目的方式。

我国政府高度重视绿色债券市场的发展，出台了一系列政策文件，明确了绿色债券的定义与标准，扩大了支持的产业范围，如绿色农业、建筑、水资源利用等，同时排除了化石能源项目，以确保与国家的绿色转型目标保持一致。这些举措不仅增强了市场框架的稳定性，也提高了与国际标准的兼容性。

我国绿色债券市场展现出较高的信用质量，大部分债券评级在 AA 级及以上，其中 AAA 级占比较高，显示了良好的整体信用状况。绿色债券的发行成本往往低于同类债券，反映了市场对绿色项目的偏好。然而，这一新兴市场仍面临挑战，如风险评估机制不完善、信息透明度不足、第三方认证标准有差异以及存在“漂绿”现象，即企业夸大其项目的环保属性。这些问题提示我们，需要进一步完善相关政策和监管措施，以保障投资者权益，推动绿色债券市场的健康发展。

绿色债券不仅是连接金融市场与绿色经济的桥梁，也是实现可持续发展目标的重要推手。通过强化信用风险管理，提高市场透明度，我们可以有效促进绿色债券市场的发展，为绿色项目提供更加稳定和高效的资金支持。

2. 我国绿色债券风险的管理策略

（1）建立绿色债券风险防范预警机制

为了优化绿色债券市场并提升其透明度与可靠性，应采取以下综合性策略：

首先，加强信息披露监管是基石。鉴于当前信息平台间披露范围、内容的不一致性，以及关键文档缺失的问题，应借助大数据与区块链技术，构建一个权威、智能、动态的信息共享平台。这不仅能确保数据的真实性和可信度，还能通过人工智能技术提升信息处理效率，为用户提供实时可靠的数据，简化信息获取流程，减少人力和时间成本。同时，细化信息披露要求，设定强制与鼓励披露的内容，规定最小披露周期，确保指标的全面性和准确性，维护投资者权益。监管机构应持续追踪、定期审查并公开绿色债券的最新状态，保持其“常绿”特性，增强市场信任。

其次，构建风险预警系统至关重要。通过分析募集资金使用情况和指标变动，结合云计算技术，可提前识别潜在风险，使投资者免受损失。利用大数据和互联网技术，创建分行业的绿色债券信用风险动态数据库，便于数据的提取、分析与监控，从而有效控制风险。

再次，认证与报告标准化是提升市场专业度的关键。当前，不同机构的报告差异大，缺乏对资金用途、环境影响及项目进展的详尽披露。为此，应制定统一的第三方认证准入标准，规范认证流程，使其与国际标准接轨，增强报告的权威性和可信度。同时，持续追踪绿色项目的环境效益，确保环境绩效目标与实际成果相符，并在后续评级报告中公开，预测环境效益与风险趋势，反映债券的绿色程度。此外，需培养专业的中介机构，实施严格的业务培训和责任划分，建立追责机制，提升行业整体水平。

最后，建立综合的环境效益评估体系。当前，环境效益评估主要依赖于温室气体排放和污染物减排指标，应引入更多维度的评估标准，涵盖污染防治、生态保护、环境监测等领域，以专业知识构建专业评估体系。根据不同行业特性，制定量化的环境风险指标，客观反映环境绩效。环境效益可通过经济效益量化，如现金流分析，有助于识别环境风险；通过补贴、税收等手段将环境正负外部性内化，促使企业负责任地对待环境，减少“漂绿”行为，鼓励企业发布社会责任与环保报告，体现其自我监督与改进的决心。

通过上述措施，绿色债券市场将更加透明、规范，有助于投资者做出明智决策，促进绿色金融的健康发展。

（2）发债主体层面

对于发债主体而言，坚守诚信原则并兼顾自身与投资者的利益，是降低信用风险的关键。为达成这一目标，应采取以下策略：

首先，创新绿色债券产品，增强发行灵活性。考虑推出小规模、低面额、分期发行的绿色债券，以拓宽投资者基础，适应更广泛的投资需求。在计息方式上，可设计为固定利率与浮动利率结合，将投资者回报与企业经营表现挂钩，既保障了投资者的稳定收益，又减轻了企业的财务负担，体现了实用性和市场适应性。

其次，主动采取增信措施。鉴于当前国内绿色债券市场第三方担保应用较少，发债企业应积极寻求第三方认证与担保服务，以此提升债券信用评级，增强偿债能力，为投资者提供额外的安全保障，同时为后续绿色债券发行积累良好信誉。

再次，强化募集资金管理，确保资金使用的透明度与合规性。借鉴国际先进经验，如世界银行对绿色债券资金的严格管理标准，发债企业应设立专门账户，对募集资金进行封闭式管理，确保资金直接流向预设的绿色项目。实施全过程监控，包括资金的划拨、使用直至最终效益的实现，避免资金挪用或不当使用，定期对外披露资金动向与项目进展，避免信息误导，增强市场信心，降低信用风险。

最后，通过产品创新、增信举措及严格的资金管理，发债主体不仅能够提升自身在绿色债券市场的竞争力，还能够吸引更多国内外投资者的关注，推动绿色金融的健康发展，实现环境效益与经济效益的双赢。

（3）投资者层面

作为市场的重要参与者，绿色债券投资者对于推动绿色金融的健康发展至关重要。投资者对绿色债券的深度参与不仅能促进资金高效配置于环保项目，还能通过市场机制激励绿色债券发行主体优化其环境表现。为了有效防范信用风险并促进绿色债券市场的成熟，投资者应采取以下行动：

首要任务是深化绿色投资理念，增强绿色债券专业知识。投资者应主动学习和掌握绿色债券的特性、评估标准及其环境影响，这有助于提高风险辨识能力和决策水平，确保资金投向真正有益于可持续发展的项目。

其次，投资者需密切关注绿色债券的市场动态和发行主体的信息披露，包括企业信用历史、债券偿还记录及绿色项目的执行效果，这些信息是评估信用风险的关键依据。投资者应理性分析，基于全面信息做出投资判断，避免信息不对称导致投资失误。

最后，强化环保意识和社会责任感也是投资者不可忽视的一环。投资者应积极参与绿色债券的社会监督，一旦发现潜在的环境风险或违规行为，应及时向监管机构反馈，协助市场净化，促进绿色债券标准的完善。同时，投资者在权益受损时，应依法维权，促使绿色债券市场向着更加透明、规范的方向发展。

通过培养专业素养、加强市场监督和维护自身权益，投资者能够有力地推动绿色债券市场朝着健康、可持续的目标迈进，共同构建一个更加绿色、包容的金融生态。

3. 绿色债券风险管理面临的挑战

绿色债券作为连接绿色经济与金融资本的桥梁，正逐步成为推动可持续发展的重要工具。它不仅促进了绿色低碳转型，彰显了我国在应对全球气候变化上的坚定立场，还为民众提供了安全性较高的投资渠道，增加了财产性收入来源。同时，绿色债券的繁荣也丰富了人民币资产种类，吸引了海外可持续投资，助力国内金融市场深化及上海国际金融中心地位的巩固，进而推进人民币国际化进程。

然而，要充分发挥绿色债券的潜力，还需克服一系列挑战。其中，环境效益的准确评估与价值转化是关键。当前，环境效益指标体系的构建缺乏一致性和行业适用性，评估标准不一，加之环境效益核算系统的缺失，使得环境数据无法实现全生命周期的有效追踪与共享。此外，绿色债券定价机制尚未充分反映环境效益，市场对于绿色项目的生态贡献度认知不足，影响了绿色债券金融价值的多层次评估及交易市场的多元化发展。

面对这些挑战，未来的努力方向应集中在提升绿色债券环境效益的评估精度和应用深度上。首要任务是建立一套科学的环境效益评价体系，明确债券资金在碳减排、能源替代、污染治理等方面的量化效益，以此指导绿色项目的筛选与投资。同时，应遵循可量化、可验证原则，规范减排测算方法，将环境效益数据与中国核证自愿减排量（Chinese Certified Emission Reduction，CCER）对接，利用碳交易市场确定绿色债券的碳价值，有效降低企业融资成本。

更进一步，应探索将“绿色效应”转化为资本市场价值的路径，即通过权威评估机构或绿色金融市场，基于环境效益评估结果对绿色债券定价，形成反映绿色效应差异的市场价格指数，增强绿色债券的融资吸引力。鼓励创新绿色债券指数基金，拓展绿色债券指数衍生品交易，利用金融市场机制，让更多投资者分享绿色债券带来的金融红利，提高绿色项目投资的活跃度，最终实现绿色金融与实体经济的良性互动。

第五章　绿色金融的市场化路径与商业模式

第一节　绿色金融市场化的发展路径

一、绿色金融市场化促进企业创新的机制分析

（一）资金融通机制

企业创新活动具有高风险与高投入特性，加之研发周期漫长，使其在传统绿色金融市场中遭遇融资难题。我国创新型企业长期以来受到的融资约束，源于绿色金融体系的不成熟与管制过度，导致绿色金融机构与金融工具缺乏多样性，难以形成全面覆盖的绿色金融服务网络，这无疑限制了企业的创新步伐。

鉴于内源融资受限于企业自身积累，难以持续支撑高强度的研发投入，而财政补贴虽能提供一定支持，但受制于预算规模与政府职能定位，不足以驱动全社会范围内的创新浪潮，建立一个成熟且多元化的绿色金融市场成为迫切需求，它能够为创新企业提供稳定且充足的资金来源，激发创新活力。

绿色金融市场化改革旨在打破现有束缚，通过促进金融机构间的竞争，丰富融资渠道，减少行政干预，赋予银行更多经营自主权，促使金融机构优化服务，加大对企业的融资支持。随着市场化改革的深入，多层次资本市场逐渐成型，包括主板、中小板、创业板、科创板在内的股权交易市场不断完善，加上场外交易市场的蓬勃发展，以及债券市场的扩容，共同拓宽了企业的融资途径，为创新活动注入了更多活力。

与此同时，绿色金融工具的多样化与金融创新的加速，为企业提供了更为灵活的融资选择，提高了融资效率，确保创新项目能够得到及时有效的资金支持，进而推动我国创新型企业的健康快速发展。

（二）资金配置

绿色金融市场化不仅关乎体系规模的扩张，更核心的是其效率的提升，这对于我国经济迈向高质量发展阶段尤为重要。在这一进程中，绿色金融系统效能的增强，尤

其是资源配置效率的优化，成为激发企业创新潜力的催化剂。过去，政府主导的产业政策和偏好扭曲了市场信号，银行等金融机构的信贷分配往往偏离最优路径，导致资源错配和效率流失。大型国企和政府项目享受着低成本融资的特权，而资金的非高效使用与中小企业融资难的困境并存，后者因缺乏担保或不符合银行标准而被边缘化。

市场化改革的深化打破了这一僵局，通过打破市场准入壁垒，吸引外资与民营资本的涌入，国有银行的垄断地位被削弱，促进了其商业化转型。随着利率形成机制的市场化，银行作为金融中介的角色愈发突出，为了在日益激烈的竞争中立足，它们必须精简运营、提升服务质量，实现资金的有效配置，进而更好地滋养企业创新。

利率市场化是改革的核心环节，它通过市场力量识别和定价风险，引导资源流向最具生产力的领域。以往，低利率环境偏向于满足国企的融资需求，而利率管制的松绑迫使银行业直面竞争，压缩了利差空间。在业绩压力下，银行开始转向中小企业，这些企业通常具备更高的收益率。此外，银行加强了对创新项目的评估，确保资金精准投放至高效率的创新活动中。

伴随着绿色金融市场的成熟，我国的资本市场亦得到了长足发展，股票市场与债券市场的完善为企业和投资者提供了多样化的选择。这不仅满足了市场参与者的风险偏好，还为企业开辟了新的融资渠道，尤其是在股票和债券市场上，为创新活动的繁荣创造了有利条件。总之，绿色金融市场化改革正逐步构建一个高效、公平、多元的金融生态，为我国企业创新提供坚实的支撑。

（三）绿色金融系统信息收集机制

随着绿色金融体系的市场化进程加速，一个高效且全面的信息生态系统正在形成，这极大地促进了资金供需双方的信息对称性，进而提升了资源配置的效率和企业的融资可得性。市场化程度的加深意味着更多元化主体的参与，它们共同构成了一个动态的信息网络，银行等金融中介机构在其中扮演着至关重要的角色。

中介机构凭借其规模效应，能够有效地收集和处理大量信息，这使它们有能力精确评估和筛选创新项目，确保资金流向那些最有可能产生高回报的绿色企业。与此同时，健全的资本市场信息披露与监管机制增强了市场的透明度，投资者能更加准确地监督企业运营，促进企业遵循最佳实践，从而提升整体的创新绩效。

在市场化绿色金融体系中，活跃的市场交易产生了海量的数据，绿色金融机构利用其信息收集的专业能力，不仅能降低信息成本，还能提供定制化的信息服务，进一步优化资金配置。这种体系下的资金风险管理和期限转换机制允许绿色金融机构将短期资金转化为长期投资，与企业建立稳定的合作关系，显著降低了信息不对称带来的道德风险。

绿色金融市场的成熟还促进了信息的完全流通，金融机构能够基于其信息优势，为企业创新提供策略指导，提高创新项目的成功率。信息作为关键资源的地位日益凸显，它不仅塑造了绿色金融机构的业务模式，还深刻影响着企业的决策过程，为创新活动的蓬勃发展奠定了坚实的基础。在这个过程中，绿色金融体系通过信息的高效传递与应用，成为驱动企业创新的重要引擎，推动经济向着可持续和高质量的方向前进。

二、绿色金融市场化对实体经济的影响

（一）有利于提升绿色金融市场化改革效果的必要条件

绿色金融的市场化改革要想成功并有效助力实体经济，必须在一系列关键条件的协同作用下稳妥推进。首先，改革的节奏和顺序至关重要。若改革步伐过快，尤其是在放松监管和开放资本账户方面操之过急，可能会引发信贷泡沫及剧烈的资本跨境流动，增加金融系统的脆弱性。关于改革步骤，学术界存在多种理论，如测序理论、利益集团理论以及无最优次序论，而在中国语境下，尽管对于最优路径尚无共识，学者们倾向于认为改革应按部就班，逐步推进。至于改革的速度，“应加速论”与“应慎行论”两派争鸣，前者强调长期福利最大化，后者则侧重于短期稳定，但在近期讨论中，加快改革的声音渐强。

其次，绿色金融改革的效果深受其内在特质的影响。这包括绿色金融的发展水平，制度和治理的质量，以及其他相关特征，比如政治与经济的稳定性、产权保护、自由贸易、劳动力市场状况、人力资本积累及国际储备等。高水平的绿色金融发展和良好的制度环境被视为改革成功的关键，因为它们有助于协调利益冲突，优化利益分配，并保障长期的管理效能。

最后，配套措施的到位与否也是决定改革成败的重要因素。适度的监管与宏观审慎政策被证明能缓和外部冲击，降低资本流动的波动性，并具备逆周期调节功能。此外，产业政策的支持和对市场充分竞争的维护同样不可或缺。产业政策可以应对市场失灵，尤其在涉及研发等长期效益项目时，政府介入显得尤为重要。而充分竞争的市场环境则能防止特殊利益集团垄断资源，保证公平竞争，减少腐败现象，确保改革成果惠及更广泛的企业群体。

绿色金融市场化改革的成功实施，依赖于合理的设计与执行，包括适当的改革次序与速度、优质的内在特质及有效的配套措施。只有当这些条件得到妥善考虑和落实，改革才能最大程度地减少负面影响，为实体经济创造更有利的金融环境。

（二）绿色金融市场化对实体经济影响的研究趋势

在绿色金融市场化改革与实体经济互动的研究领域，学术界经历了从单向乐观到双向审视的转变。起初，研究聚焦于绿色金融的积极面，如它如何减少融资难题、激发效率革新。然而，随着研究的深化，学者们也开始关注其潜在的负面影响，诸如抬高资金成本、促使资金脱离实体转向虚拟经济、抑制投资及增加金融系统脆弱性。这种从单向作用到双向作用的认知转变，揭示出绿色金融市场化可能同时具有促进和抑制实体经济的双重特性。为了更全面地评估改革效果，研究者开始探索正负效应共存的动态平衡，以及在特定条件下正负效应的转换机制，以此来更准确地刻画改革对实体经济的真实影响。

与此同时，一个新的研究方向正在形成，即自由市场机制与企业行为之间错综复杂的关系。以往的研究多侧重于绿色金融市场化对实体经济的直接影响，而忽视了企业作为市场主体在这一过程中的角色与反应。理解企业如何响应改革，如何调整资金需求与使用策略，以及这些变化又如何反过来影响绿色金融机构的行为，对于深入剖析改革对实体经济影响的微观基础至关重要。企业行为的多样性，如进化竞争、损失厌恶等，不仅塑造了绿色金融市场的新生态，还可能决定着改革能否达到预期目标。因此，深入探究企业行为模式及其背后的形成机理，是评判改革成效和制定相应策略的基础。

尽管认识到支撑绿色金融市场化改革的必要条件的重要性，学术界在具体条件的界定、测量和作用机理方面仍然存在不少模糊地带。一方面，关于条件的分类缺乏统一标准，有的依据绿色金融发展水平、政府与市场关系、自由贸易程度来划分，缺乏一致性和系统性；另一方面，在衡量关键条件如制度质量时，方法论上的分歧和混乱导致难以形成一致且全面的评价体系。此外，即使普遍认同这些条件能增强改革对实体经济的正面效应并降低风险，但对于它们的具体作用机制和效果边界，研究仍显不足。

因此，未来的研究需要更加细致地梳理和分类改革条件，采用严谨的方法论来量化这些条件，同时深入挖掘它们如何具体影响绿色金融市场化的过程与结果，以期为构建稳健的绿色金融体系提供坚实的理论支持。

三、推进绿色金融市场化改革的对策

绿色金融促进经济增长的道路走得并不是那么顺畅。如今的绿色金融体系的诸多问题正随着时间的推移逐渐凸显，并越来越成为制约经济增长的缘由。我们通过理论研究与实证检验发现，绿色金融市场化可以很好地促进经济增长。结合我国现实分析可以发现，改革开放40多年以来，经济发展取得丰硕成果的背后均离不开市场化的推动，从农业市场化到工业市场化再到绿色金融市场化，都有力地促进了经济增长，推动了社会进步。

（一）构建多层次的资本市场体系

近年来，中小企业面临的融资困境日益凸显，这一现象不仅折射出资本市场在服务实体经济方面的效能不足，同时揭示了绿色金融资本与产业资本之间缺乏有效对接的深层次问题。我国的股权融资比例相对较低，一级市场中同时存在着股票发行的溢价与抑价现象，企业在融资过程中出现了良莠不齐的情况——既有企业通过资本市场合理筹集资金，也有部分企业被指责为“恶意圈钱”。这一系列问题表明，我国的资本市场体系在服务实体经济，尤其是支持绿色金融创新与发展方面，仍有较大的改进空间。

随着实体经济的不断演变和绿色金融理念的深入人心，多层次资本市场体系的建设显得尤为重要。这一体系应当具备足够的灵活性和包容性，以适应不同类型、不同规模的企业融资需求，同时也要能够吸引多样化的投资者参与，实现绿色金融资本的有效配置。

绿色金融市场作为多层次资本市场的重要组成部分，其成熟度和活力是衡量整个绿色金融体系发展水平的关键指标。构建一个功能完备、层次分明的资本市场体系，能够确保金融资源在不同经济领域间的高效流通，这是发挥市场在资源配置中的决定性作用的基本前提。通过这样的体系，我们可以逐步减轻实体经济对传统银行信贷的过度依赖，增加直接融资的比例，进而优化企业的资本结构，降低财务成本，分散系统性金融风险。

最终，一个多层次、高效率的资本市场体系不仅能有效缓解企业融资难、融资成本高的问题，还能为经济增长注入新的动力，促进经济结构调整和产业升级，实现绿色、可持续的发展目标。这不仅关乎金融体系的完善，更关系着国家经济长期稳定发展。

1. 完善股权融资市场

为了支持上市公司健康发展并促进资本市场深化，有关部门采取了多方面措施以完善上市公司的治理结构，提高其整体素质，同时积极推动其通过资本市场开展并购重组以及再融资活动。利用上市公司的资源整合优势，推动未上市资产通过吸收合并、资产注入等手段实现上市，以增强市场活力和企业竞争力。

同时，对于上市后备企业，实行“培育一批、改制一批、上市一批、储备一批”的策略，强化对后备资源的培育，提升企业质量，并通过与监管机构如中国证监会、上海证券交易所、深圳证券交易所的紧密合作，加大上市辅导力度。借助政策引导、业务指导和中介机构的专业作用，加速企业上市流程，确保上市工作的顺利进行。

在场外市场建设方面，鼓励创新创业、高科技和中小企业通过“新三板”市场挂牌融资，实施“借转补”政策，为符合条件的企业提供预借专项资金支持，助力其完成股改和上市辅导，成功挂牌后，预借款项转换为补助金。此外，对已在“新三板”挂牌的企业提供上市辅导，引导其向主板市场过渡，同时储备资质良好的企业作为重点培养对象，鼓励其在多层次融资平台融资，以解决高新技术产业面临的融资难题，促进整个行业的创新能力和可持续发展。这一系列举措旨在构建健康、有序的资本市场环境，为各类企业创造更多成长机会。

2. 积极发展债券市场

为了激发企业融资活力，特别是针对中小企业面临的融资困境，应着力于创新债权融资模式，开发诸如收益型企业债券等新型金融产品，拓宽多元化融资渠道。全力支持上市公司利用证券市场，通过发行公司债券、可转换债券、分离交易可转债等多种方式筹集资金，同时推进股权式信托融资等绿色金融创新，以债权类金融工具促进经济的可持续发展。

积极倡导有条件的小企业尝试联合发债的模式，鼓励它们发行集合债券、集合票据，政府将提供相应的政策扶持，以此提高融资效率和降低融资成本。这些举措的目标是构建一个专门服务于中小企业的债券融资平台，旨在培育更多的优质发债主体，让这些企业能够更便捷地获得所需资金。

为了进一步解决高成长性中小企业融资难的问题，应推动担保公司、商业银行、资产管理公司等金融机构的合作，共同发起设立中小企业集合债权基金。这不仅能够分散风险，还能通过集合资金的力量，为这些具有潜力的企业提供更加稳定和长期的资金支持，从而促进中小企业的健康成长和经济的全面发展。上述措施有助于打造一个更加开放、包容、高效的金融市场，让各类企业都能找到适合自身发展的融资路径。

3. 稳步发展期货市场

应积极推动国有企业在期货市场的规范化参与，重点开展套期保值业务，以此来规避市场波动带来的风险，确保企业经营的稳定性。同时，持续拓展大宗资源性产品的期货品种，加速商品指数与商品期权等衍生品工具的发展，以满足市场多元化的风险管理需求。

应着眼于绿色金融的发展趋势，构建绿色金融期货市场，致力于推出更多环保相关的金融产品，支持可持续经济发展。此外，还应逐步增加股票期权、股指期权及股指期货的品种，丰富投资者的投资选择，增加市场深度与广度。

在国债期货方面，应稳步推进其发展，旨在为金融机构和企业提供更为有效的利率风险管理工具。这些举措将不断强化期货市场对实体经济的服务功能，促进金融市场的成熟与完善，为各类实体企业创造更加健康、稳定的金融环境。

（二）完善绿色金融要素的价格形成机制

深化绿色金融市场化改革的核心在于精准对接实体经济需求，助推经济增长，而其中至关重要的一步是确保绿色金融要素的市场定价机制健全。优化绿色金融要素价格形成体系，不仅关乎利率市场化和人民币汇率机制的深化，还标志着市场力量在资源配置中的主导作用日益凸显，这符合我国全面深化改革的方向，亦是构筑现代市场体系、推进社会主义市场经济建设的关键路径。

人民币汇率的市场化是抑制经济“脱实向虚”倾向的有效手段，一个能自由浮动且稳定的汇率，如同经济运行的减震器，有助于发现合理的汇率定位，增强汇率的灵活性，从而更好地调控国际收支平衡，促进国内外经济协调。当前，通过灵活运用利率工具引导市场预期，是维系人民币汇率稳定的有力措施。欲完善汇率机制，需多管齐下：一是调整央行在外汇市场的角色，鼓励绿色金融机构及企业等非央行主体积极参与，拓宽市场参与面；二是减少央行对汇率中间价的直接干预，让中间价更贴近市场实际供需情况；三是加速外汇衍生品市场建设，丰富汇率管理工具箱。推进人民币汇率市场化，意味着赋予市场更大定价权，增强汇率双向波动的适应性，加快金融市场双向开放步伐，确保人民币汇率在合理均衡区间的稳定，进而实现经济的高质量发展。

（三）加强绿色金融基础设施建设

强化绿色金融基础设施建设是推动绿色金融市场化进程的基石，它旨在营造一个透明、高效且充满活力的市场环境，不仅能够确保绿色金融市场的稳健运行，还有助于宏观经济金融体系的稳固。为此，中国需在支付清算、法律监管以及信息披露三大领域加快与国际标准的接轨，以构建更加成熟和市场导向的绿色金融基础设施体系。

1. 加速支付清算体系现代化

应立足于全球化视角，统筹规划支付结算架构，加速国内外支付体系的无缝对接，实现更高层次的融合。通过优化支付结算费用结构，倡导成本效益与风险并重的原则，推动支付结算业务向市场化转型。借助先进的信息技术，打造跨部门、跨市场、跨境界的智能互联平台，同时，融合互联网与移动通信技术，创新支付清算解决方案，构建一套与国际接轨、智能化且市场驱动的支付结算系统。

2. 强化立法监管框架

加速构建以市场功能为核心导向的金融法制体系，完善促进竞争的法律基础，填补绿色金融市场化进程中存在的法律空白。革新立法理念与程序，确保法规更具普适性，为绿色金融改革提供坚实的法律支撑。平衡监管授权，避免授权不足或过度的问题。通过跨部门协作，赋予监管机构适当的权力，并重塑绿色金融行业协会的角色，增强其独立性和行业自律能力。加强对律师事务所、会计师事务所等专业机构在监管领域的责任要求，提升监管透明度和规范化水平。建立健全监管协调机制，明确中央与地方绿色金融监管职责，构建层次分明、秩序井然的中央与地方绿色金融监管体系。

3. 完善信息披露制度

双管齐下，一方面，加快征信立法，持续提升征信数据的质量与时效，加强信息共享机制，尽快整合非银行信用信息至统一平台，提升征信服务效能。另一方面，通过设立专门机构或信息平台，为消费者提供全面的信息支持，防范不公正的绿色金融服务及营销行为，保障消费者权益。这些举措共同致力于打造一个公开、公平、公正的信息披露体系，为绿色金融市场的健康发展奠定坚实的基础。

第二节　绿色金融市场的参与者与角色定位

一、绿色金融市场跨市场关联关系、市场分派与政府角色

在探讨市场资源配置与政府角色的交织时，经济学理论常聚焦于如何通过制度变迁提升市场效率。绿色金融市场，尤其是其中的证券市场，作为一个高度细分且互联的体系，其运作机制与政府监管间的关系尤为复杂。证券市场依据交易标的的特性被细分为多个子市场，尽管各自独立，但它们之间存在动态的相互作用，这种跨市场关联性意味着单个交易可能触发连锁反应，影响其他市场的稳定性和效率。

证券交易的跨市场效应，即一笔交易可能间接影响其他市场，这一现象在理论和实践中尚未得到充分关注。为了保障市场秩序和促进绿色金融目标的实现，政府需采取综合措施，包括经济激励、法律框架和行业自律，来协调不同证券子市场的运行。

然而，传统观念和现行监管体制可能限制了对跨市场关联性的有效管理。

市场治理的核心在于市场机制的顺畅运行，它超越了简单的规则制定，是关于市场目的实现的动态过程，涉及公私部门间的持续互动与协调。在证券交易市场中，市场分派即交易分配，遵循市场机制与参与者能力的匹配原则，以交易的风险性、流动性、价格形成机制和制度差异等属性为基础。交易者依据信息处理能力和预期收益选择特定的证券和市场进行交易，而信息不对称可能导致市场失灵，如交易停滞或出现法律边缘行为，威胁市场稳定性。

政府权威对于维持证券交易的连续性和秩序至关重要。政府介入通常体现为监督和管制两个层面，前者关注日常交易行为的合规性，后者侧重于规范的统一制定。随着绿色金融创新的推进，不同子市场间的关联加深，政府的角色转向对跨市场关系的协调，旨在构建一个系统化、有机的干预体系，区别于以往单一市场导向的监管模式。

市场治理机制与交易关系的形成密切相关。在市场治理下，标准化的交易流程和较高的信息对称性降低了监督成本。鉴于证券交易中跨市场关联性的复杂性，重视市场分派不仅是对市场机制的尊重，也是对市场主体自主选择权的认可。然而，市场分派可能无法自动导向最优结果，政府干预旨在纠正市场失灵，引导市场关系朝着预设的价值目标发展。因此，政府需深刻理解跨市场关联性对市场运行的影响，以期促进绿色金融市场健康、可持续的发展。

（一）证券交易跨市场关联关系的成因与治理

证券市场的运行秩序源于其构造单元及其组合规则的多样性，这些单元包括交易主体、客体、监管机构、组织架构、中介服务、交易流程、信息披露规范以及市场稳定策略等。虽然单独的规则和制度未必直接催生跨市场关联，但当这些元素在市场活动中交互作用时，便形成了多层次的市场连接。这种关联主要体现在三个维度：

首先，交易主体在管理资产组合时，其投资决策和资金调配会跨越不同市场，例如在资本市场和货币市场之间流动，或是调整资产配置策略，这自然产生了跨市场的连结。其次，某些金融产品的设计本身就蕴含跨市场属性，如交叉型证券和结构化衍生品，这类产品在设计之初就考虑到了不同市场间的联动。最后，金融机构的多元化经营，特别是绿色金融机构涉足多个市场、产品和服务领域，进一步加强了市场间的联系。

这些内生的跨市场关联，尽管源于市场参与者的自主选择和市场分派机制，却可能潜藏风险，对投资者权益和市场秩序造成潜在威胁。例如，一些市场参与者可能会利用跨市场关联进行不当操作，如市场操纵、欺诈行为或内幕交易，以此获取非正当利益，损害市场公正性和透明度。因此，理解和管理跨市场关联成为维护市场健康运行的关键，需要监管机构采取相应措施，确保市场机制的公平性和效率，同时使投资者免受不当行为的侵害。

在资产管理领域，证券属性的异质性塑造了不同的治理重点。对于流动性充沛的资产组合，治理的核心在于精明地交易证券，以构建理想的风险收益比例，持续监控证券表现，并适时调整持仓以响应市场变化。这一治理过程涵盖证券筛选、执行交易决策及后续的绩效追踪，旨在评估并优化投资策略。流动性高的市场允许交易者利用衍生品与基础证券间的价格关联，实施套保或套利策略，以增强投资组合的稳健性。然而，这些策略的效能高度依赖于市场的信息透明度、价格发现机制的效率及其稳定性，以及交易费用的合理性。在市场运作顺畅时，此类操作也较为顺利，但在市场动荡、价格偏离基本面的情况下，则面临严峻挑战。尽管如此，交易者在高度流动且信息充分的市场环境中，往往缺乏动力深入挖掘信息，而价格形成和交易成本并非个人所能左右。为了自身利益，部分市场参与者可能试图操控或滥用市场规则，借助市场的深度、广度和弹性，以价格波动为杠杆追求利润，此举既违背了市场公平原则，又加剧了系统性风险。

针对流动性较弱的资产组合，由于证券转让不易，治理的重心转向交易后的管控与适应性调整，要求更高级别的治理技巧。场外交易的证券，因其非标准化特性与低流动性，常通过协商定价完成买卖。在此类市场，除了分散投资以缓解风险，还需重视市场风险与违约风险的管理。交易者往往通过创新交易架构与产品设计，积极应对挑战，激发市场活力。政府在尊重市场参与者自主权的同时，应致力于构建风险管理和违约防范的制度框架，确保交易双方的合法权益。

产品内生的跨市场联系，尤其是交叉性绿色金融产品，其核心源于创新性的产品设计。这类产品在绿色金融生态中架起了桥梁，连接了组合理财、基金、信托、集体资产管理计划及投资联结型产品等多个细分市场。它们通过整合多元化的绿色金融工具，构建起投资者与绿色金融机构间错综复杂的权利义务网络，潜藏的风险横跨不同机构、市场与产品线。在设计上，这类产品以功能融合为目标，如“银保结合”模式，促使银行与保险公司协作，共享资源以增强市场竞争力，同时探索分业监管下的额外盈利空间。渠道交叉则表现为“银证信合作”，通过新颖的交易架构和资金流通路径，绕开对资金用途、规模及对象的现有约束，提升机构的灵活性并创造监管套利机会。特许权交叉，诸如“私人银行服务”，则通过放宽准入门槛吸引大众客户，向他们提供原本受限的投资选项，以此规避监管。

交叉性绿色金融产品放大了实体经济风险的连锁反应，有可能触发系统性的绿色金融风险，因此引起了中央银行的高度关注，中央银行强调了对这类产品风险进行监控的必要性。当前，我国对这类创新产品缺乏有效的监管框架，风险评估过度依赖于绿色金融机构自身，加之分业监管体系下的协调难题、监管灵活性缺失以及特许经营制度的局限，导致监管盲区的存在。为此，政府需推动制度革新，强化金融机构内部风控机制，界定清晰的监管范围、确立统一的监管标准、丰富监管工具，调整市场准入政策，增进跨部门监管协作。同时，鉴于投资者对交叉性产品的认知不足，政府应承担起教育引导的职责，提升公众的风险意识。

绿色金融机构跨市场经营的内在关联，源于其业务的多元化布局。例如，证券公司通过资产管理业务涉足货币市场，大型金融集团内部各分支分别涉足银行、证券、保险等业务领域。随着绿色金融深化变革，金融机构股权结构日趋复杂，通过设立控股公司、并购重组，形成实质性的金融控股集团，囊括银行、证券、保险、基金乃至实体投资，增强了内部协同与交易机会，但也加剧了风险积聚，威胁市场秩序。这些风险主要源自集团内部风险扩散、资本充足率问题、关联交易不透明及内部结构复杂化带来的监管挑战。面对这些情况，政府需优化监管策略，确保金融集团稳健运营，防止风险蔓延，维护金融市场的安全与稳定。

（二）市场分派与跨市场关联关系

在证券交易中，每一笔交易的促成均伴随着交易成本与信息处理成本，这些成本构成了交易活动的基础负担。假设参与交易的各方均追求“成本效益原则”，即力求在最小化成本的同时最大化收益，那么交易成本与信息甄别成本的高低将显著影响交易的治理模式。当同一类交易频繁发生时，信息甄别成本往往会因规模效应而下降，这是因为熟悉的过程能够提升效率。

信息甄别成本的高低反映的是交易参与者间信息掌握程度的差距。即便经过甄别，潜在的交易伙伴之间也可能因为信息理解与应用能力的不同而存在信息不对称，这种不对称性进一步促使不同的治理方式产生。在交易治理过程中，跨市场关联关系自然地形成，并展现出共同的特征。然而，值得注意的是，市场本身的运行机制并不自动具备消除跨市场关联带来的负面效果的能力。这意味着，尽管市场机制在多数情况下能有效分配资源，但在处理跨市场关联及其可能引起的系统性风险时，它缺乏内在的矫正机制，需要外部力量如监管政策来干预和调整，以确保市场的健康与稳定。

1. 市场分派机制与跨市场关联关系

鉴于绿色金融交易在流动性、风险、不确定性及信息透明度上呈现出多样的属性，投资者在面对不同属性组合的交易时需采取相应的策略。我们可考察两个典型的情景：一是标准型证券组合，二是非标准型证券组合。标准型证券组合的交易基于初期的详尽分析，后期调整需求相对较少；而非标准型证券组合的交易条件则由买卖双方协商决定，鉴于违约风险的存在，这类交易往往需要更为严格的事后监控与调整。

标准型组合中的证券要么本身流动性高，要么由易于估值的资产作为抵押，所面临的是可量化的风险，且可在明确的规则框架下通过详尽的合同条款来管理。相反，非标准型组合里的证券可能流动性不足或缺乏定价清晰的抵押物，它们面临的是深层次的不确定性，投资回报依赖于标的资产未来不可预测的表现。因此，非标准型证券组合的治理更依赖于灵活应对的决策机制与不完全契约的执行。

证券组合属性的转变可能源于信息不对称的加剧、风险与不确定性的增强、证券资产流动性的降低，或是事后控制与调整成本的上升，这些因素均能促使标准型组合向非标准型转化，反之亦然。标准型证券组合常见于有组织的市场，如证券交易所，而非标准型证券组合的交易则多发生在场外市场等缺乏系统性组织的环境中。

基于交易者对交易治理能力的差异，可以将其归为三种类型：市场型、内部型与混合型。市场型交易者擅长处理高流动性资产及相关的市场信息，偏好无须后续干预的交易；内部型交易者在管理低流动性资产及后续控制方面表现突出；混合型交易者则融合了前两者的优点。通过观察交易者所持证券组合的特点，可以洞察其偏好的治理架构。一般而言，活跃在高流动性市场，如交易所的交易者多为市场型，而那些专注于绿色金融服务的机构或专业投资者，则更倾向于采用内部型治理模式，以应对复杂多变的投资环境。

交易属性与治理能力的匹配遵循成本效益原则，引导交易者专精于他们最能驾驭的交易类型。市场型交易者偏好标准化交易，因其风险可测且流动性强；内部型交易者倾向于非标准化交易，这类交易虽复杂但可通过深度分析获取超额收益；而混合型交易者凭借其全面的技能，能够灵活应对各种资产特性。

这种基于治理能力和交易属性的自然分配，使市场在各自的细分领域达到最优效率，交易效率成为衡量市场健康度的关键指标。随着时间推移，各交易主体、它们的目标资产以及交易行为展现出相对稳定的特性，直到绿色金融创新催生出新的市场动态，打破既有平衡，促进交易特征的进化。这一过程通常在最小政府干预下自我调节，市场自发寻找最有效的资源配置路径。

在市场分配机制下，尽管交易参与者在对象、方式和技术上呈现多样性，但他们创建的跨市场联系却显现出共同特征。具体而言，跨市场关联具有两大核心表现：首先是资金流交互，即证券买卖引发的资金在货币市场与资本市场的穿行，这是所有证券交易的基石，连接着证券持有者、商业银行与清算机构。资金流交互可能源自单一实体的操作，也可能由多个主体协同作用于单个或一组相互影响的证券。

其次是关系互动，包括价格互动与社会互动。价格互动源于证券属性及由此产生的证券间联系，正常情况下会形成跨市场关联，但也可能被某些交易者操纵以获利。社会互动则涉及信息私密交换，体现为交易者间的合作、合谋或个人在多个账户间操作，寻求优势。社会互动中暗藏了潜在的市场违规行为，如欺诈、内幕交易和市场操控。

在社会关系互动中，当信息流通涉及未披露的，对公司运营、财务状况或证券价格有重大影响的细节时，依此信息行事的交易活动便触及了内幕交易的红线。此类交易若由内幕信息的合法知情人或非法获取者执行，即构成内幕交易。更甚者，交易方运用资金或信息优势，人为操控证券价格或成交量，制造虚假市场现象，误导投资者决策，破坏市场秩序，这便是市场操纵的行为。

在跨市场交易中，套利机会多出现在紧密相连、互为替代的证券间，它不仅能为交易者提供风险对冲手段，还能促使失衡的价格重回正轨，维系市场间的合理价差。然而，现实中各市场在交易频率、规模、信息透明度及证券标准化等方面的差异，妨碍了价格对新信息的及时反应，从而限制了套利活动的有效性，导致市场分割。若相似交易在不同子市场以迥异价格成交，资源配置效率低下便成必然。但分割市场也为绿色金融创新提供了温床，通过开发新型交易策略或设计创新金融产品，如跨领域的绿色金融工具，可以克服分割状态，实现资源优化配置。

一旦创新成果被市场广泛采纳，竞争随之加剧，新信息涌现并扩散，原先的市场分割有望被打破，低效配置得以纠正，市场分派内容和结构也将随之演变。这一过程体现了市场自我修正的能力，通过持续创新，市场能不断适应变化，提升整体效率。然而，这也要求监管框架与时俱进，确保市场公平、透明，防止不当行为损害投资者利益和市场完整性。

2. 市场分派中的信息问题

信息条件是交易的核心要素，其对等与否直接决定了市场的公平性和效率。当参与者确信自己与对手处于相同的信息层面时，他们会遵循既定的市场规则和流程进行交易。反之，信息不对称将激发交易者投入额外努力来收集和分析信息，这个过程将不可避免地产生信息成本。

信息的不均等分配使得交易充满了风险与不确定性，进而导致了治理机制的差异化。在高度不确定的环境下，初始协议往往无法预见未来所有可能的情境，这就需要预留空间，在后续阶段根据新信息进行调整，赋予合同一定的弹性。但这同样意味着交易成本的上升和效率的牺牲，因为各方需要不断地评估和协商，以应对不可预见的变化。

值得注意的是，信息差异的影响远超个人交易范畴，即便是高度透明的公开市场也无法幸免。在证券市场中，信息偏差普遍存在，无论交易规模大小，都可能因信息获取的时间、质量和渠道不同而产生偏差。这种偏差会导致交易双方以及绿色金融中介等市场参与主体之间出现额外的成本，偏离最初契约的预期，有时甚至会损害某一方的利益，产生负面的内部性效应，即一方的行为在未补偿的情况下给另一方带来损失。

因此，为了减轻信息不对称带来的负面影响，市场参与者需要采取措施，比如提高信息透明度、建立有效的信息披露机制、使用专业的金融工具和策略，以及强化市场监管，以此来促进市场健康稳定发展，保护投资者权益。同时，这也凸显了建立信任和公平交易环境的重要性，以减少信息差异造成的市场摩擦和效率损失。

3. 市场分派中的其他问题

政府对经济活动的干预理论充分揭示，无约束的市场自由发展容易滋生一系列问题，包括但不限于市场垄断、外部性效应的扩散、过度投机引发的市场动荡，以及法律法规的滞后性等。这些问题本质上源于市场的固有特性，即市场自身缺乏有效的自我修复机制，这正是政府监管介入的合理依据。

在证券市场中，绝对的自由放任可能导致少数实体凭借资本或其他优势积累大量证券，从而形成垄断地位。垄断的存在使这些市场主导者有能力直接影响或间接操控证券价格，违背了完全竞争市场中价格形成的公平原则，导致市场效率受损。垄断行为通常源于信息、资金或其他形式的市场权力不平等，尽管信息不对称是关键因素，但它并不是垄断产生的唯一条件。垄断与操纵不仅会伤害小投资者利益，还会扭曲市场价格信号，干扰资源的有效配置。

此外，过度投机也是证券市场的一个显著问题。在证券的特殊性质和投资者有限理性的共同作用下，强烈的财富效应常引发跟风投机，短期内造成价格剧烈波动。在此情境下，投资者的关注点转向证券的短期交易价值而非其基本面，市场稳定性因此受到严重挑战，难以自发恢复至均衡状态。过度投机会破坏价格信号的真实性和资源配置效率，其所引发的价格大幅波动还潜藏着巨大的绿色金融风险，这种风险能迅速扩散至实体经济和其他金融市场，触发系统性危机，产生广泛的负面外部性。

鉴于上述市场失灵的现象，政府有必要通过制定合理的法规政策，监督市场行为，维护公平竞争，限制过度投机，以及完善法律法规体系，以确保市场的健康稳定运行，保护投资者权益，防范系统性金融风险，促进经济可持续发展。

（三）政府角色与作用

在市场分配理论的框架下，我们确立了一套核心的市场价值观、制度架构、信息透明度以及行为准则，这些基石并非单纯由市场交易或治理能力所塑造。政府的角色在于构建和维护这些制度与规则，确保它们能够有效运作，并对违规行为施以制裁，从而打造一个公正透明的市场环境，提振参与者的信心。在设定的市场条件下，市场分配机制能够自主地对不同特性的证券和治理水平参差不齐的交易主体进行分类，这一过程遵循成本效益原则，深植于市场运作的自然法则之中，无须政府的主动干预。从这一视角出发，证券交易中跨市场的相互联系是市场分配机制的必然产物，然而，市场分配本身并没有内在的机能来缓和或消除跨市场联系所带来的负面影响。

因此，政府的职责在于认同并尊重市场自身的筛选结果，致力于构建和保持一种有助于市场健康发展的制度生态，同时，面对跨市场联系可能引发的不利后果，政府应当依据市场动态，采取灵活且有针对性的交易调控措施，根据不同产品或业务的具体情况，适时调整监管策略。这意味着政府不仅需保持对市场趋势的高度敏感，还须具备精准识别和应对市场异动的能力，以维护金融稳定，促进经济的持续繁荣。在这一过程中，政府与市场之间的平衡至关重要，既要避免过度干预扼杀市场活力，又要防止监管缺位导致市场失序。

确保市场机制平稳运行的基础在于有序的交易关系，无约束的市场竞争往往会催生垄断现象，甚至引致市场混乱。证券交易中跨市场关联的复杂性揭示了实际操作层面的利益冲突与协调挑战。借鉴现代市场经济国家的经验，政府应当发挥供应公共品、调节宏观经济与结构、解决外部性问题及维护市场纪律的关键作用。这要求政府保持中立立场，清晰界定产权，严控市场准入门槛，规范参与者行为，同时，强化对投资者权益的保护，尊重交易者的选择自由，通过提升信息透明度、优化市场规则、设定既具体又灵活的监管框架，清晰界定监管界限，革新监管方式，提高绿色金融领域风险管控能力。要实现这一点，需要跨部门协作，共同营造一个公开、公平、竞争且有序的市场环境。

基于此逻辑，证券交易参与者因追求投资、投机、套利或对冲等目标而活跃于各类金融市场。其间，直接的跨市场联结体现在资产管理决策、产品创新应用、绿色金融机构运营及信息在不同市场间的流通方面。由此，动机驱动行为，有时会导致市场出现自身难以调节的问题，以及违背社会公正或法规的情况。因此，政府的作用应聚焦于引导形成一个与个体、政府及社会期望相符的市场格局。要实现这一目标，政府干预应始于对证券交易动机的深入理解。尽管动机深藏于交易者心中，难以被完全洞察，但我们仍可对其价值取向做出评判。基于审慎原则，通过审视交易者过往行为，可以推断其行为模式，进而通过设置交易资格限制来管理市场参与者。同时，鉴于动机转化为行动后可能产生的不可逆社会影响，构建监管预警系统显得尤为重要，这有助于提前识别和预防潜在的市场失衡与风险。

探讨政府在市场交易中的角色定位，本质上认同了一个预设：遵循规范的行为将带来积极或至少无害的市场效果。实现规范行为的关键在于恰当引导，而非单纯制定规则或实施惩罚，尽管这两者同样不可或缺。政府的介入，首先体现在设定市场运作的框架与标准上，这些规则成为参与者行动的基石。其次，对于违规行为，合理且适度的惩罚机制至关重要，它需结合行为性质的差异，这是分类监管策略的理论基础。当市场参与者被细分为普通交易者与绿色金融机构时，各自的监管焦点随之分化，前者侧重于常规交易活动的合规性，后者则聚焦于业务模式与运营实践的可持续性。

引导行为可分解为外部与内部两个维度，后者尤其关键。外部引导通过法律制裁的威慑力与公众舆论的导向作用来实现，而内部引导则依托于个体的道德反省与市场环境的正向激励，尤其是市场透明度的提升，这正是加强信息披露要求的核心理由。当市场参与者认识到遵纪守法所带来的长远利益远超违规的短期收益时，市场秩序将得到自然维护。然而，两大挑战依旧存在：一是个体理性未必能保证集体福祉，二是违规获利往往高于违规成本，这些问题超出了市场自我调节的能力范畴，凸显了外部监管的必要性和理论根基。社会公正原则呼吁我们对行为后果进行价值评判，据此采取差异化的干预措施。

考量政府干预的经济效益与成本匹配度，是政策设计中的核心议题。政府必须辨明不同干预手段背后的代价差异，理解原则性监管相较于详尽规定在灵活性与成本效益上的优势，同时认清并非所有情境下宽泛指导皆能有效达成目标，有时精细化规则必不可少。这提示我们，盲目干预应被摒弃，取而代之的是审慎选择干预策略。

在由少数几家重视长期发展并相互竞争的大企业主导的市场里，自我监管往往能奏效，因良好商誉乃持久成功之基石。推崇自律者主张，此举增强了对行业关切事项的警觉，然而，过分警觉有时会诱导行业团体设计有利于自身却损害公共利益的规则。相比之下，在门槛低、小玩家众多的市场中，自律的成效大打折扣。立法虽能增强市场稳定性，却可能抑制竞争活力，迫使政府在效率折损与安全增益间做出权衡。

出于对干预成本与效能的考量，融合原则性监管与具体规则的双轨制显得尤为重要，且并非所有监管职能均需政府一手包揽。鉴于监管对象的行业特性，当满足一定条件时，自律性监管能够发挥显著正面效应。从整体而言，上述洞见将促进政府干预目标的确立、干预准则的界定（包括普遍与特定准则）、干预手段及模式的选择、相关机构的调整，以及这些要素间的协同整合，最终孕育出一套综合性的政府介入架构。

这一架构旨在平衡市场效率与公众福祉，确保干预既不过度也不缺失，通过灵活运用多种监管工具，达到促进公平竞争、保护消费者权益、维护市场稳定及推动可持续发展的多重目标。政府在此过程中扮演着裁判员与指导者的双重角色，既要制定游戏规则，也要适时调整以适应不断变化的市场环境，确保干预策略与经济现实保持同步，避免不必要的市场扭曲，同时促进创新与经济增长。

健全的证券市场是优化经济资源配置的关键，为此，政府须具备前瞻视野，通过精妙的制度构建，为未来不确定的交易形态预留空间。鉴于未知的未来交易模式，政府应致力于打造鼓励创新的生态，而非拘泥于现状。实现此目标的核心在于强化市场治理，而这要求维持健康竞争的市场环境。在适度竞争的氛围中，市场参与者能敏锐捕捉到绿色金融等新兴服务带来的商机，创新将成为获利的关键路径，进而激发市场的持续进化。

在宏观层面，政府的介入应根植于对个人自由与权益的尊重，同时兼顾市场活力与社会公益，扮演市场机制的辅助者而非替代者。政府的角色定位应融合广泛干预理念、精细管理规范与行业自律，形成有机统一。从微观角度上看，政府的任务聚焦于市场规则的设定，涵盖交易制度、行为准则、定价机制与信息披露，辅以行政、经济及法律制裁，确保规则执行的严肃性。规则设计需具备对市场微调的适应性，政府行动应被限定在市场失灵或自我修复机制失效的范围，通过清晰的干预框架，政府可有效保障市场秩序。

这一综合策略不仅促进了市场效率与公平，还确保了政府行动的合理性和必要性，避免了过度干预对市场自然演进的抑制，实现了政府与市场间的和谐共生，共同推动经济的稳健增长与可持续发展。政府作为市场秩序的守护者，其职责在于弥补市场空白，矫正市场失衡，通过精准的政策调控，引导市场向着更加健康、透明和可持续的方向发展。

二、信用增进在绿色金融市场规范发展中的角色定位

（一）信用增进的内涵

信用增进，作为一个涵盖多重含义的概念，在金融领域扮演着核心角色，它既是一种提升信用评级的过程，也是确保融资便利性的策略。从操作层面上讲，信用增进涉及实施特定措施以增强债务人的信誉；而从目的与成效方面考量，则旨在赢得投资者或贷款方的信任，促使债务人能够以更优惠的条件获取资金或减少融资成本。依据起源，信用增进可细分为内源型与外源型两大类。

内源型信用增进源自债务人自身的努力，通过分层发行债券，设置优先级与次级，或是将优质资产作为抵押品，直接提升自身的信用价值，从而吸引资金并降低融资成本。相比之下，外源型信用增进则依赖于外部第三方的支持，比如第三方担保、差额支付承诺等，这些措施显著提升了债务人的信用形象，尤其是在资产证券化产品中，外源型信用增进的应用更为广泛。当前，在中国绿色金融市场中，外源型信用增进占据主导地位。

信用增进与绿色金融活动紧密相连，起源于早期民间小额借贷中的第三方担保机制，即当借款人无法履行还款义务时，由担保人承担偿还责任。随着绿色金融市场的

成熟与创新工具的涌现，信用增进的形式日益多样化，包括但不限于保险、保证担保、差额补足、回购协议、信用风险缓释工具、信用违约互换以及总收益互换等。其中，第三方连带责任保证已成为国内最常见的信用增进方式，为绿色项目和企业提供了坚实的信用背书，促进了绿色金融市场的健康发展和资金的有效配置。

（二）信用增进的常见作用

尽管信用增进手段多样，其核心宗旨始终如一：为债务人构建第二道还款防线。当原债务人（首要还款来源）遭遇财务困境，无法如期偿还本金及利息时，信用增进机构（次级还款来源）将介入，承担代偿责任，确保债权人权益不受损。

从违约风险与损失角度审视，信用增进实质上旨在削减债务人的违约损失率。设想一家企业 A 发行债券，其违约风险与违约损失率同为 50%，对投资者而言，两者概率等同。然而，若引入第三方信用增进，一旦 A 无力偿债，信用增进方 B 将接棒偿付，仅在 A 与 B 双双违约的情形下，投资者才面临损失。

假定 A 与 B 的独立违约概率皆为 50%，无信用增进时，债券损失概率亦为 50%；而信用增进后，损失概率锐减至 25%，仅限于 A 与 B 同时违约的情况。B 的信用增进作用显著，将投资者的损失率从 50% 减至 25%。

上述分析基于 A 与 B 违约事件完全独立的理论假设，但在现实场景中，两者违约存在关联性，该关联度可用违约相关系数衡量，范围介于 −1 至 1。因此，评估第三方信用增进下的绿色金融资产安全性，不仅要考量融资方与增进方的违约概率，还需深入理解二者间的违约相关性。

信用增进的要旨在于降低债权人面临的风险，通过引入第三方保障，显著降低了投资者可能遭受的损失比例，正如前述例证中，B 的信用增进作用直接将投资者的损失风险减半。

（三）信用增进在绿色金融市场发展中发挥的独特作用

资金作为关键的生产要素，在绿色金融市场中的流转发挥着时空优化配置的核心作用。信任是市场运转的基石，而风险则如同硬币的另一面，时常阻碍着交易的顺畅进行。在绿色金融领域，诸多交易因风险评估的不确定性或是双方认知差异而搁浅，这正是信用缺失导致的资金配置障碍，削弱了市场效能。

信用增进在此情境下扮演了至关重要的角色，它犹如一股清流注入市场，强化了信任的纽带。尤其在融资方抵押品有限或信用历史空白的状况下，信用增进机构的参与提供了额外的信誉加持，缓释了潜在风险，填补了信用鸿沟，确保了交易的顺利进行。

鉴于信用增进能有效抑制债权人的损失比率，防止因少数债权人恐慌而触发的连锁反应——“羊群效应”，它无疑激发了绿色金融市场的活力，提升了资本配置的精准度与速度。此外，信用增进还扮演着稳定机制与过滤器的角色，增强了市场的抗风险能力，确保绿色金融市场健康、持续地发展。

总之，信用增进不仅是绿色金融体系中的一剂强心针，还增强了市场参与者的信心，提高了市场透明度，确保了资金能够更高效、更安全地流向绿色项目，助力可持续发展目标的实现。

（四）信用增进提高了绿色金融市场的资金配置效率

绿色金融交易的促成，深深植根于参与者对信用及风险的共识之上。当信用短缺成为绿色金融交易的绊脚石，导致交易停滞不前时，信用增进机制便显现出其不可或缺的价值。这种机制允许信用增进实体将其放大后的信誉注入市场，为那些本身信用资质欠佳但有强烈融资意愿的借款主体开辟出一条通往绿色金融市场的新路径。

通过信用增进，这些机构实际上扩充了绿色金融领域的信用总量，为原本受限的市场注入了新的活力。这不仅提供了更多的交易可能性，还显著提升了市场的资金配置效率。信用增进的介入，就好比一股清泉，冲刷掉信用不足所带来的障碍，让资金得以更加顺畅地流向那些符合环保标准的项目，加速了绿色金融市场的成长与发展，同时增强了整个体系的稳健性和包容性。

简而言之，信用增进是绿色金融市场中的一把钥匙，它解锁了因信用壁垒而封闭的机会大门，确保了资金能够更加精准、高效地服务于绿色经济的繁荣，从而推动社会向着可持续发展的目标稳步前进。

（五）信用增进减少了信息不对称，降低了绿色金融市场的交易成本

在绿色金融领域，债权人面临的最严峻挑战莫过于信息的不对称性。随着市场容量的膨胀和参与者的日益多样化，当债权人面对来自不熟悉债务方的融资请求时，往往需要投入大量的时间和资源用于信息的搜集、整理与评估，这无疑抬高了交易的门槛，加重了双方的成本负担，并可能错失投资良机。在此背景下，信用增进犹如一座桥梁，有效缩小了信息鸿沟，降低了交易成本。

信用增进机构不仅为债务方提供信用加持，更扮演着“风险诠释者”的角色，它们将债务方独有的、复杂且需耗时辨别的风险，转化为易于被债权人理解和衡量的标准风险，同时通过“信用担保”显著减少了债权人的潜在损失。这一过程好比赋予债务方一种“信用通用货币”，即将原本模糊不清、流动性差的信用，转变成绿色金融市场内广泛接受和认可的信用形式，极大地提高了与债权人达成协议的可能性。

因此，信用增进不仅是债务方获取融资的关键助力，更是优化市场信息流、减少交易摩擦的重要手段。它通过对称化信息，简化了信用评估流程，降低了绿色金融市场的整体交易成本，促进了资金的有效配置，加速了绿色项目的落地与实施，最终推动整个绿色金融生态系统的健康发展。

（六）信用增进推动了绿色金融市场的创新和发展

我国的绿色金融市场正驶入高速发展期，规模持续扩张，各类创新金融产品如雨后春笋般涌现。然而，在这一蓬勃发展的景象背后，部分新兴的绿色金融产品尚缺乏

稳固的信用根基，亟须信用增进机制的辅助来确保其稳健运行。例如，中小企业集合票据，这类产品通常需要信誉卓著的第三方介入，通过信用增进措施为其背书，方能顺利进入市场并获得投资者的认可。

此外，银行间市场即将面世的项目收益票据，其特殊之处在于偿还资金来源于项目自身未来现金流，票据期限覆盖了从建设、运营到偿债的全周期，时间跨度远超传统中期票据，蕴含较高的不确定性。鉴于当前市场上的投资者尚不具备充分评估此类长期风险的能力，外部信用增进成为不可或缺的一环，它为票据提供了额外的安全垫，增强了投资者的信心。

得益于信用增进的保驾护航，绿色金融领域的创新得以平稳落地，不仅丰富了市场产品线，也吸引了更多元化的参与者。信用增进不仅推动了绿色金融体系的深化发展，还促进了绿色经济的广泛普及，为构建可持续发展的金融市场奠定了坚实的基础。通过引入专业的信用增进服务，绿色金融市场得以拓宽边界，吸引更多资本流向绿色项目，共同推进经济社会向低碳环保转型。

（七）信用增进减少了绿色金融市场波动，稳定了投资者预期

在绿色金融市场中，信用增进扮演着至关重要的角色，如同一位经验丰富的舵手，既稳定着市场的航向又能避免不必要的风浪。当绿色金融产品遭遇风险挑战时，信用增进机构便迅速行动，犹如一剂强心针，立即安抚市场情绪，消解投资者的不安与困惑。它们的存在，有效地遏制了风险事件可能引起的市场过度反应，避免了不必要的市场动荡，为绿色金融产品构筑了一道坚实的防火墙。

绿色金融市场本质上是一场资金与项目的对接盛会，其中，投资者的角色尤为关键。作为绿色金融生态中的资金供应者，投资者的决策直接影响着市场的活力与健康。一旦风险信号闪烁，若无有效的应对机制，投资者信心将遭受重创，极有可能采取避险策略，撤离市场，这无疑会削弱绿色金融市场配置资源的能力，抬升交易成本，阻碍绿色项目的融资进程。

然而，有了信用增进的加持，市场便拥有了自我修复的机能。在风险事件发生时，信用增进机构发挥了缓冲作用，确保投资者权益不受侵害，促使市场对风险的认知回归理性，而非陷入恐慌。这样一来，不仅保护了投资者的利益，也维护了绿色金融市场整体的稳定性和吸引力，为绿色经济的持续增长提供了必要的金融支撑。通过信用增进机制，绿色金融市场得以在复杂多变的环境中稳健前行，促进资金更高效地流向绿色项目，加速实现环境与经济的双重目标。

（八）信用增进能够降低绿色金融市场发生系统性风险的概率

我国的企业融资格局长期呈现出银行主导的间接融资占主体地位，直接融资为补充的特点，尽管近年来直接融资比例有所上升，但并未根本改变银行在绿色金融体系中的核心地位。银行贷款中常见的联保互保模式，虽有助于缓解中小企业融资难题，却也埋下了系统性风险的隐患。当经济下行压力增大时，单一企业的贷款违约可能引

发连锁反应，波及整个担保网络，对区域经济乃至绿色金融稳定性构成威胁。在此背景下，信用增进的引入，如同一道安全网，能够及时切断风险传递链，由信用增进机构代偿债务，既保护了银行资产质量，又防止了信贷收缩，对维护区域资金流动性和防范系统性风险具有重要意义。

银行作为信用类债券的主要持有者，其投资偏好对债券市场有着深远影响。鉴于银行对债券资产近乎零容忍的不良率要求，信用增级成为连接高评级需求与低评级发行人的桥梁，它不仅提升了发行成功率，降低了融资成本，更关键的是，通过分散风险，增强了债券市场的韧性和深度，保障了银行的投资信心，避免了市场因个别违约事件而陷入流动性紧缩。

信用增进在绿色金融市场中的作用日益凸显，它不仅是单个发行人的融资助手，更是系统性风险的减震器。然而，这一领域尚处于起步阶段，投资者对其认知有限，信用增进机构的数量和能力也存在局限，难以全面覆盖市场需求。信用增进机构内部的风险累积问题，提示我们需要构建更为健全的风险分散机制。未来，随着绿色金融市场深化发展，信用增进行业需不断创新与完善，以更广泛的社会认同和更精细的服务，助力绿色金融体系健康成长，实现经济与环境的和谐共生。

信用增进的有效实施，正逐步优化绿色金融市场的资源配置，将违约风险的影响限制在可控范围内，由多元化的主体共同承担，有助于抑制宏观经济的周期性波动，减少信用风险对绿色金融生态的负面影响，增强经济体系的整体抗逆力，为绿色金融的长远稳定奠定坚实基础。

三、“一带一路”背景下的绿色金融市场基础设施

（一）“一带一路”背景下的绿色金融市场基础设施的建设意义

在新时代的浪潮中，我国正全速推进社会主义现代化国家与现代化经济体系的构建，其中“现代绿色金融”体系的塑造成为关键一环。这一体系的核心在于金融产业必须紧密贴合我国经济发展的新时代特征与产业结构的绿色转型。金融行业不仅要从量的增长转向质的提升，还需顺应我国企业“走出去”的国际化战略，确保金融资源在全球范围内高效、绿色地配置。

绿色金融市场基础设施，作为现代绿色金融体系的基石，其重要性在“一带一路”倡议下尤为突出。它不仅是支撑绿色金融市场平稳运行的关键，也是推动绿色金融创新与发展的催化剂。在科技革命与经济结构调整的双重驱动下，绿色金融领域的界限日益模糊，新兴金融概念如雨后春笋般涌现，促使金融监管遵循功能与行为导向的原则进行重塑与优化。

鉴于此，借鉴国际清算银行支付结算体系委员会（Committee on Payment and Settlement Systems，CPSS）及国际证监会组织（International Organization of Securities Commissions，IOSCO）等权威机构的界定方式，我们将绿色金融市场基础设施视为涵盖中央证券托管体系、清算系统、中央交易对手、交易信息库以及信用信息体系的综合服务网

络。这些设施与制度旨在提升绿色金融交易的效率与安全性，确保市场规则得到遵循，为绿色金融体系的顺畅运作与交易提供坚实的保障。

立足于“一带一路”倡议的宏大背景，绿色金融市场基础设施面临着前所未有的机遇与挑战。一方面，它需应对全球绿色资本流动的加速，促进沿线国家绿色项目的合作与投资；另一方面，如何在保持金融稳定的同时，引领绿色金融标准与规范的制定，成为亟待解决的问题。为此，中国绿色金融市场基础设施的角色需重新定位，不仅要成为绿色金融数据与信息的中枢，还要成为绿色金融产品创新的平台，以及绿色金融政策与实践的试验田。

中国绿色金融市场基础设施的新角色定位应当是：集绿色金融信息整合、产品创新、政策试点与国际合作于一体的综合性服务平台，致力于推动绿色金融的全球互联互通，促进绿色经济的可持续发展。

1. “一带一路”背景下中国金融业的新角色

在“一带一路”框架下，中国与沿线国家在绿色金融领域的合作正日益深化，展现出前所未有的开放度与活力。随着中国企业在海外投资与贸易活动的拓展，金融业扮演着不可或缺的角色，不仅为企业“走出去”提供金融支持，更在这一过程中实现了自身的成长与转型。这不仅为中国的金融行业开辟了新的发展空间，同时也提供了向世界展示中国金融智慧与实践经验的宝贵机会。

首要的机遇源于庞大的基础设施投资需求。据全球基础设施中心（Global Infrastructure Hub，GIH）预测，至2040年，全球基础设施建设将面临高达15万亿美元的资金缺口，每年新增投资需求逾万亿美元。然而，尽管发达国家普遍面临资产配置压力，基础设施投资却未得到充分重视。中国通过数十年的探索，已成功构建了一套有效的金融机制，能引导资金流向长期、低回报的基础设施项目。在开发性金融、政企合作、民间资本引入等方面，中国积累了丰富的经验。未来，中国金融业的重要使命之一便是将这些经验输出，助力“一带一路”国家的基础设施建设，同时吸引国际资本参与，共同打造风险可控、收益稳定的项目。

其次，贸易绿色金融领域蕴藏着巨大潜力。伴随“一带一路”倡议的推进，中国与沿线国家的贸易额持续攀升，预计未来数十年内将持续高速增长。在这一过程中，贸易融资、结算服务、风险管理等绿色金融服务的需求将急剧增加，为金融机构提供了广阔的市场空间。

再次，本币国际化迎来了历史性的契机。随着“一带一路”背景下经贸活动的增多，人民币在贸易结算、跨境投融资、资产管理等领域的使用将日益频繁。优质的人民币资产管理服务不仅能响应市场需求，还能加速人民币国际化的步伐，形成良性循环，进一步巩固人民币在全球货币体系中的地位。

最后，“一带一路”倡议不仅促进了沿线国家的经济融合，更为中国金融业带来了前所未有的发展机遇。在基础设施投资、贸易绿色金融及本币国际化等领域，中国金融业正迎来大展身手的黄金时代，有望在全球金融版图上书写新的篇章。

2. “一带一路”背景下绿色金融市场基础设施的定位及作用

在“一带一路”倡议的引领下，绿色金融市场基础设施成为连接各国和地区绿色金融生态的关键纽带，对于提升跨境绿色金融交易的效率与安全性至关重要。作为监管与市场操作的基石，这些基础设施确保了绿色金融体系的平稳运行，为资本的绿色导向流动提供了坚实保障。

绿色金融市场基础设施的核心功能在于，在维护金融安全的基础上，推动资本流向那些能最大化环境和社会效益的项目，从而激发经济的绿色增长潜力。其发展轨迹紧密跟随国家的经济繁荣、科技创新以及金融制度的演进。随着绿色金融市场基础设施的不断完善，它们在信息处理、资本配置优化方面的作用越发显著，同时，更透明高效的运作机制增强了系统抵御外部风险的能力。

鉴于绿色金融市场基础设施对经济金融体系的支撑作用，中国在推进金融业对外开放的同时，必须同步加强这一领域的建设。作为全球最大的单一市场，中国在金融科技领域的领先优势为绿色金融市场基础设施赋予了额外的社会功能，使其在促进可持续发展方面扮演了更为积极的角色。

因此，绿色金融市场基础设施不仅是技术与金融融合的产物，更是推动全球经济向绿色转型的重要驱动力。中国在此方面的努力不仅有助于国内市场的成熟，也为“一带一路”沿线国家提供了可借鉴的经验和合作机遇，有助于共同构建更加包容、可持续的全球绿色金融生态。

（二）“一带一路”背景下的绿色金融市场基础设施的核心功能

绿色金融市场基础设施堪称绿色金融生态系统的“动脉”，它们的存在确保了资金能够顺畅无阻地流向可持续项目，就如同精心铺设的道路网络支撑着交通的高效流通。在“一带一路”的宏伟蓝图下，这些基础设施的核心使命是在严格防控系统性金融风险的基础上，优化绿色资金的融通效率，使资本能够精准对接绿色需求，加速推动全球范围内的绿色转型。

然而，随着绿色金融市场服务的边界不断拓展，跨文化、跨国界的互动日益频繁，难免会遇到各种冲突与摩擦。这要求绿色金融市场基础设施在设计与发展中，不仅要追求效率与安全性，还需兼顾自主性，即在国际标准与本土特色之间找到平衡点，确保既能融入全球绿色金融体系，又能保护自身的金融主权与独立性。

因此，安全、效率与自主性成为绿色金融市场基础设施在“一带一路”框架下延伸与升级的关键考量因素。安全意味着稳健的风险管理，效率指向了资本的灵活配置，而自主性则是维持国家金融稳定与独立性的必要条件。三者相辅相成，共同构成了绿色金融市场基础设施建设的稳固基石，为实现可持续发展目标铺平道路。

1. 绿色金融市场基础设施的基础职能

绿色金融市场基础设施的稳健与高效运行，对促进社会经济的绿色发展及确保金融稳定至关重要。在数字化浪潮的席卷之下，计算机技术、网络通信与前沿的安全解决方案正重塑绿色金融市场的面貌，推动其向更加科技化与数据驱动的方向演进。然而，伴随支付创新的步伐，支付风险事件频发，多数案例直指支付清算系统的脆弱性和技术缺陷。这凸显出在追求效率的同时，强化安全机制的重要性，寻求二者间的黄金平衡点成为行业焦点。

从微观角度审视，风险管理理论与实践正在深度进化，以适应不断细分的市场服务与日新月异的技术革新。在绿色金融市场基础设施的监管实践中，操作链条的延伸与参与主体的多元化，催生了更为复杂的服务生态。单一集中的风险管理策略已难以应对这一挑战，构建一个涵盖多层级、多维度的社会化风险评估与保障网络，激发各市场参与者的风险自卫意识，成为提升绿色金融市场基础设施韧性的迫切需求。

在此背景下，绿色金融市场基础设施的安全性不仅依赖于先进的技术手段，更需要一个包容性强、响应迅速的监管框架，以及培养市场参与者共同参与风险防控的文化。通过整合各方资源，形成协同效应，可以有效抵御潜在风险，确保绿色金融市场的长期繁荣与稳定。

2. 绿色金融业开放背景下的绿色金融自主性

在推动经济繁荣的征途上，“欲速则不达”“先行其道在于筑路”的理念同样适用于绿色金融领域的开拓。这意味着，无论是促进绿色金融的发展，还是深化经济体制的革新，都必须以稳固的绿色金融市场基础设施为前提。在国家引导下，绿色金融市场基础设施的构建不仅需要国内各绿色金融机构的紧密协作，还需要其海外分支机构步调一致，形成合力，从而在国际竞争中实现安全、效率与自主性的均衡。

在全球绿色金融市场多极化的大背景下，美国主导的绿色金融市场基础设施布局对其他国家参与国际绿色金融活动构成了一定挑战，尤其是在自主权方面。主要体现在三个方面：一是绿色金融行动的独立性受限；二是绿色金融资产的安全保障不足；三是绿色金融信息的保密性面临威胁。以我国为例，其绿色金融通信体系主要依赖于环球同业银行金融电讯协会（Society for Worldwide Interbank Financial Telecommunications，SWIFT），这一平台充当了国内银行与全球绿色金融机构间的主要沟通桥梁，对于我国绿色金融行业的国际化至关重要。SWIFT不仅支撑了我国与全球绿色金融机构的信息交流与资金清算，还成为国内绿色金融机构英文通信与身份验证的核心平台，具有不可或缺且近乎垄断的地位。

然而，SWIFT在我国的应用也暴露出三大隐忧：首先是数据主权问题，即数据存储于境外；其次是交易效率瓶颈，可能影响业务处理速度；最后是数据安全风险，容易受制于国家间关系波动与国际制裁，即使表面上的通信系统看似坚固，实际上也潜藏着不确定性和风险。因此，我国及其他国家在参与全球绿色金融市场时，需审慎考量如何在利用现有国际平台的同时，增强自身的金融自主性和信息安全防护能力，以规避潜在风险，确保绿色金融的健康发展。

（三）我国绿色金融市场基础设施的中国经验

1. 中心化——绿色金融科技监管的中国经验

我国在数字金融与科技金融领域的前沿不断探索，已成为全球范围内的领航者。历经数十年的不懈努力，我们不仅发掘了科技与绿色金融融合的广阔前景，更构建起一套完善的监管框架与发展策略。随着我国绿色金融机构与“一带一路”沿线国家的服务对接日益加深，如何在满足多元化需求的同时实施有效监管，实现绿色金融创新中的风险可控与可持续发展，是我国能够分享给世界的宝贵经验。

我国绿色金融科技的蓬勃发展，极大丰富了绿色金融的服务形态，同时对传统成本效益模型提出了新挑战。尽管如此，这些创新实践始终坚守绿色金融的核心价值与功能，如支付结算、定价机制和资金融通等。通过持续的分析与实验，我们已提炼出一套成熟可靠的行业监管与运营体系，其核心在于在确保清算效率的同时，通过引入竞争机制激发市场潜能。

针对绿色金融科技在渠道优化、信息透明与数据管理等方面的革新，我国形成了以中央银行支付清算体系为中枢，辅以银联、网联及外资清算机构等市场化主体的多层次运行架构。这一模式不仅满足了我国作为全球数字科技最活跃市场的需求，更为绿色金融基础设施服务提供了兼具风险控制与效率提升作用的市场化解决方案，展现出我国在绿色金融基础设施建设方面的前瞻视野与务实成效。

2. 广泛性——普惠金融的中国经验

普惠金融的概念，源自英文“Inclusive Financial System”，意指构建一个具有包容性的金融体系。我国深入研究后认识到，绿色金融科技有能力填补传统绿色金融体系由于成本和效率局限而未能触及的空白区域，特别是在某些地区，它能越过传统的绿色金融发展阶段，直接推动新型绿色金融模式的崛起，从而拓宽绿色金融的服务边界，对全球减贫事业产生积极影响。

我国的实践经验揭示，普惠金融旨在消除贫困、促进社会公正，但这并不等同于单纯的慈善行为。相反，它是依托金融科技进步，深化和扩展金融服务的一场革命。普惠金融遵循市场原则，在推进过程中，既要满足广泛人群的金融需求，又要保证服务提供者能够获取合理的回报。例如，二维码等低成本技术的应用极大地提高了非现金支付的普及率；互联网金融征信系统使得线上信用评估、小额信贷及监管成为可能，实现了低成本、高效率的普惠信贷模式；通过“定向支付”的数字化管理，确保资金流向透明且可追踪，实现精准、特定用途的消费；此外，还在社会福利、在线教育、文化消费、智慧城市和智能交通等多个领域提供了综合性服务，显著提升了普惠金融的执行效能。

在“一带一路”倡议覆盖的众多国家和地区中，许多正处于数字基础设施建设的起步阶段，正致力于向更广泛的用户群体提供基础的支付、储蓄和借贷服务。我国在普惠金融领域的探索与成就，为这些国家和地区搭建绿色金融基础设施、实现金融包容性提供了有价值的借鉴与启示。通过学习中国经验，这些国家和地区可以加速自身绿色金融市场的发展，促进经济与社会的全面进步。

3. 信用性——信用体系建设的中国经验

在绿色金融市场基础设施的建设和运营中，海量信息与数据被不断积累，这些数据涵盖了社会生活的诸多层面。面对这一丰富资源，如何在尊重和保护各社会主体基本权益的前提下，充分利用这些信息，以支撑社会与经济的持续发展，是我国在该领域开展的一系列创造性实践的关键课题。

如同众多法律制度尚未完善的新兴经济体，我国曾面临严重的信用缺失难题，这不仅提高了社会管理和经济活动的成本，也加剧了信用风险，进而影响了绿色金融市场及整体经济的运行效率。法治体系的构建是一项复杂而长期的任务，涉及文化、政治、经济等多维度。然而，经济发展的步伐对健全的信用环境提出了紧迫需求。在此情境下，我国启动了社会信用体系建设，旨在通过信息化、数据化和标准化的途径，整合各类信用信息，利用信息共享、黑名单公示、跨部门联合惩戒等机制，加速构建社会信用环境，以期有效降低信用治理成本。

我国的社会信用体系建设，走出了一条独具特色的发展道路。与西方国家自下而上的、渐进式信用机制形成过程不同，我国采取了自上而下的顶层设计策略，在公共征信体系构建、国家信用标准制定、信用管理高等教育等方面进行了实质性推进，从而构建起一套适应国情的社会信用体系模式。这不仅是对我国经济发展路径的深刻反思，也是对实践中成熟经验的技术提炼，同时，它还体现了我国愿意与其他国家和地区分享自身经验，共同促进全球信用体系建设的开放态度。通过这种方式，我国的社会信用体系不仅服务于国内的经济发展，也为国际社会提供了可供借鉴的模式和经验。

（四）“一带一路”背景下的绿色金融市场基础设施的发展建议

1. 进一步推动人民币跨境支付系统建设

随着“一带一路”倡议的深化，沿线国家间的经贸合作日益频繁，对绿色金融市场服务的需求也随之水涨船高。作为关键的金融基础设施，人民币跨境支付系统（Cross－border Interbank Payment System，CIPS）在支付清算领域的成功建立与运行，象征着人民币跨境清算体系在时效性和网络布局上取得了革新性进展，显著提升了我国绿色金融市场基础设施的现代化水平。CIPS 的问世不仅是人民币国际化道路上的一座重要里程碑，更有力支撑了实体经济增长与国际贸易繁荣，促进了人民币在国际舞台上的广泛应用，为我国的“走出去”战略和“一带一路”倡议的落实提供了坚实的金融后盾。

展望未来，CIPS 需持续优化升级，增强其服务能力和覆盖范围，以更好地服务于“一带一路”框架下的金融需求，拓宽服务边界。在确保高效完成资金结算的同时，CIPS 还需强化长报文处理能力，为贸易融资、资本市场的革新及其他金融业态的成长预留空间，激发更多合作潜力。与此同时，风险防控不可忽视。鉴于支付清算系统的核心在于稳定、高效与安全，CIPS 必须坚守风险防范的“红线”，在追求业务精进的同时，建立健全应急响应机制，确保系统运营的稳健性，为“一带一路”倡议的顺利推进营造安全可靠的金融环境。

2. “第三方”市场化机构参与绿色金融服务探索

绿色金融市场基础设施构成了一个相互依存的生态，每一环节都是必不可少的，共同保障绿色金融活动的顺畅进行。在致力于提升跨国界、跨机构的大宗绿色资产流动服务的同时，我们不应忽视小额、高频、面向消费者的绿色金融服务所扮演的关键角色。以支付清算为例，在“第三方”绿色金融服务机构崭露头角前，我国市场的支付与清算任务主要依托中国人民银行及各大商业银行。尽管在这一时期内，各银行积极推出网上银行服务，但受限于传统批处理模式，难以灵活应对个人用户及消费市场日新月异的需求。

对于商业银行而言，消费级支付清算业务的特点——交易量庞大、单笔金额较小、验证流程繁琐且成本高昂——往往意味着较低的边际收益，从而抑制了银行在此领域的创新与发展热情。然而，随着“第三方”支付平台的兴起，这些新兴机构凭借其灵活性和创新能力，迅速迭代产品和服务，为个人消费者及小微企业提供了定制化的解决方案，不仅极大地丰富了金融服务生态，还创造了可观的社会经济效益。

因此，在“一带一路”倡议的全球布局中，绿色金融行业的拓展绝不仅仅是大型基础设施和金融机构的独角戏。相反，必须有“第三方”绿色金融服务机构的深度参与，它们应依据自身特色和专长，为“一带一路”沿线不同国家和地区的绿色金融市场提供精准服务，共同构建一个包容、高效、可持续的绿色金融生态系统。

3. 借鉴“特区模式”

在我国改革开放的历史长卷中，“特区模式”无疑占据着举足轻重的地位。通过考量各地独特的地理环境、资源分布与经济社会文化背景，政府在选定的区域内实行先行先试的政策，允许在特定领域和限定范围内开展大胆的探索。这种模式催生了一系列成功案例，如深圳与海南的经济特区，江苏、浙江的众多开发区，以及中关村、张江的科技创新园，还包括上海、成都的自由贸易试验区和雄安新区的创新实践。它既促进了社会的持续进步，又有效管控了伴随创新而来的体制性风险。

在“一带一路”倡议的全球视野下，我们有必要汲取并发扬特区模式的经验。针对绿色金融市场基础设施的建设和优化，有三大特区模式值得深入探讨与应用：

金融科技实验区：在这一区域内，给予信用评估、支付清算等金融服务机构一定的自由度，尤其是在相关法律法规尚未成熟之际，鼓励其对新兴金融产品和技术进行试点，为创新提供“试验田”。

信用信息管理区：建立统一的信用信息管理体系，集中收集、存储与利用社会信用数据，深刻理解数字化信用信息在社会治理和文化塑造中的作用，推动诚信体系建设。

本币结算示范区：探索设立人民币与当地货币的直接结算区，鼓励使用人民币及本地货币进行贸易、投资和消费等经济活动，打破传统国际结算框架的束缚，简化交易流程，降低结算成本，同时减轻国际金融市场波动对区域经济的冲击。

通过上述特区模式的实施，我们可以更有效地促进绿色金融市场的成熟与发展，同时为“一带一路”沿线国家和地区提供可复制、可推广的绿色金融解决方案，共同推进全球经济的绿色转型与可持续发展。

4. 加强绿色金融市场基础设施研究与相关人才培养

我国绿色金融市场基础设施作为经济与金融稳健前行的基石，已构建起一个以现代化支付系统为中枢，银行业绿色金融机构内部系统为根基，辅以专业清算机构及第三方支付平台的多元化支付服务体系，这一体系与市场经济的脉络紧密相连，展现出了专业化的分工态势，为绿色金融市场基础设施服务的国际化布局，尤其是在“一带一路”倡议下的深化拓展，奠定了坚实的基础。

伴随着绿色金融市场基础设施领域的蓬勃发展，一支高素质的人才队伍逐渐形成，他们不仅数量稳步增长，结构也趋于优化，为我国在该领域赢得了显著的竞争优势。然而，面对行业迅猛发展的步伐与新时代对创新的更高要求，当前金融人才的水平仍有待提升，以确保人才储备与行业需求的无缝对接。新技术、新工具与新业务模式的涌现，对从业人员的专业素养提出了更高的挑战，促使他们不仅要精研现行的法律法规与行业规范，还要掌握前沿技术，勇于探索与创新。

鉴于此，我们亟须构建一套全面且与实践紧密结合的人才培养体系，一方面完善学术研究框架，另一方面强化实战训练，旨在为绿色金融市场基础设施行业的长远发展输送源源不断的高质量人才，确保行业创新与发展的动力源泉永不枯竭。这一人才培养机制的建立，将为我国绿色金融市场基础设施的持续升级与“走出去”战略的顺利实施提供强有力的人力资源支撑。

第三节　绿色金融的商业模式创新与实践

一、构思目标

（一）坚持结构优化与经济协调发展

构建绿色金融模式应当恪守结构优化与经济协调发展两大核心原则，其首要目标在于助力产业优化升级。面对日益严峻的环境压力，环境污染已成为制约我国乃至全球经济可持续发展的关键瓶颈。为此，我国政府已将经济结构调整视为国家长期发展战略的核心，并将绿色金融置于推动经济转型的关键位置。绿色金融通过提供专项融资渠道，不仅能够有效引导资金流向清洁、低碳、高效的产业，还能激励传统产业的技术革新与绿色化改造，从而加速产业结构的转型升级，实现经济高质量发展。

其次，绿色金融致力于促进经济与环境的和谐共生，确保可持续发展目标的实现。生态环境是社会经济活动的根基，任何忽视生态保护的经济增长都将付出巨大代价。通过绿色金融机制，我们可以有效抑制那些对环境造成破坏的经济行为，促使企业将环保理念融入日常运营与决策，认识到绿色投资与经营策略带来的长期经济效益。绿色金融通过鼓励绿色项目投资、推广绿色信贷政策、发展绿色债券市场等手段，能够显著降低污染性项目的融资成本，同时提高其环保合规门槛，进而构建一个兼顾经济效益与生态效益的发展模式，为子孙后代留下一片绿水青山，真正实现可持续发展愿景。

（二）坚持市场调节，高效配置

当前，传统的大规模粗放型经济增长模式所引发的环境污染问题日益凸显，环境治理已然成为推动经济持续健康发展不可或缺的一环。在这一背景下，资本的短期逐利特性往往成为环境治理道路上的一大障碍，因为环境治理项目通常需要较长的投资回收期，且短期内难以产生显著的经济效益。然而，绿色金融的兴起为解决这一矛盾提供了新思路。

绿色金融以环境治理为核心导向，旨在为环境治理领域注入充足的“资金活水”，引导社会资本向绿色、可持续的企业倾斜。通过提供绿色贷款、发行绿色债券等方式，绿色金融不仅能够为企业环境治理项目提供必要的财务支持，还能增强企业的资源节约意识，促使其采取更为环保的生产方式和管理措施。这种资金导向机制有助于塑造一种良性循环，即企业因获得绿色融资而加强环保行为，又因环保行为得到更多绿色资金的青睐，从而形成企业与环境的双赢局面。

此外，金融机构自身也在积极践行绿色管理，比如通过推行电子账单、无纸化办公等措施，减少对自然资源的消耗，进一步彰显了金融业在推动绿色发展中的示范作用。这种从内部到外部全方位的绿色转型，不仅有助于提升金融机构的社会责任形象，还能够激发更广泛的社会参与，促进经济与环境的和谐共生。

（三）坚持金融机构可持续发展

绿色金融的兴起为银行业的可持续发展开辟了一条崭新的路径。在全球环境危机加剧的当下，公众对环境保护的意识空前高涨，环境友好型投资正逐渐成为市场的新宠。将绿色理念融入金融产品和服务之中，银行业不仅能够满足社会日益增长的绿色需求，还能借此机会拓宽业务范围，实现自身的多元化发展。

绿色金融工具，诸如绿色信贷、绿色基金和绿色保险等，通过精准对接绿色项目，有效分散和降低了银行面临的信贷风险。这些产品促使银行在信贷决策时更加注重项目的环境绩效，避免了对污染严重或不可持续项目的过度融资，从而提升了资产质量，增强了银行体系的稳定性。

更重要的是，绿色金融被视为推动经济向低碳、循环发展模式转变的关键力量。在中国，这不仅是顺应全球绿色发展趋势的战略选择，也是实现国内经济高质量发展目标的必由之路。银行机构开发创新绿色金融产品，虽然短期内可能面临额外的评估和运营成本，但这与国家的长远发展战略高度契合，有助于优化信贷结构，找到新的利润增长点。

绿色金融不仅是应对环境挑战的必要手段，也是促进金融机构乃至整个经济社会健康可持续发展的强大动力。通过绿色金融的实践，银行不仅能降低自身风险，还能引领整个行业向着更加绿色、包容的方向迈进，实现经济效益与生态效益的双重提升。

（四）构建可计量、可操作方式

绿色金融市场的拓展受阻，核心原因在于量化评估的缺失与标准的不统一。由于绿色金融概念尚处于成型阶段，其界定与实施路径尚未成熟，亟须构建一套可操作性强的衡量体系。为此，我们的首要任务是确立统一的产品架构，继而制定出一套系统性的风险评估准则，以填补当前的空白。

金融机构在面对绿色项目时，无论其形态如何变化，关键考量始终围绕项目的盈利能力、安全边际及资金流动性展开。在此基础上，我们还需结合自身资本成本、投资周期以及专业技能，做出全面权衡，决定最适宜的投资策略。然而，由于产品设计与交易框架的多样性，加之信息披露缺乏一致性，导致行业数据难以整合共享，绿色金融的潜在风险与预期回报难以准确量化。这一现状让有意涉足绿色投资的金融机构面临信息不对称的困境，缺乏可靠、透明的决策支撑，从而抑制了市场参与者的热情与信心，成为绿色金融深化发展的绊脚石。

为破解此局，有必要借助集中交易平台和互联网技术，推动数据整合与信息透明化，确保绿色金融产品遵循统一标准，实现全链条的信息披露。此举旨在使绿色金融变得可量化、可评估、可获取、可执行且可控，以此提高金融运作效率，增强绿色金融的服务供给能力，最终激发市场活力，推动绿色经济的稳健前行。

二、供给侧视角下绿色金融模式需考虑的因素

在绿色金融模式构建过程中，不仅要考虑供给侧改革的要求，实现产业结构的调整，促进国民经济的发展，还要考虑各参与主体及各金融机构的发展要求，因此，我们要考虑的因素如下。

（一）绿色项目的投资回报率较低

在传统微观经济学的框架下，追求利润最大化被视作企业的核心目标。企业依据既定的产品售价和要素成本，能理性计算出最优产量，以实现利润的最大化。然而，这一理论模型在应对绿色转型的现实挑战时显得力有不逮。绿色项目的财务吸引力往往逊色于传统项目，加之许多商品和服务的市场价格未能充分反映其环境成本或效益，即所谓的外部性。因此，单纯以利润为导向的生产决策可能与社会整体福祉的最优状态产生偏离。

为解决这一问题，将外部性内部化成为关键。这意味着要调整生产结构，减少对环境有害的产品供应，同时增加环保型产品的产出。这一目标可通过双管齐下的政策策略来达成。一方面，政府可以通过市场干预，如上调环保产品价格，以增强其投资吸引力，或是削减对污染性产业的补贴，削弱其经济效益。另一方面，则是优化投资环境，比如减轻清洁技术领域的税负，降低融资成本，简化融资流程，以提升其投资回报率；与此同时，对高污染行业施加更重的税费负担，增加其运营成本，从而抑制其扩张势头。

上述政策措施不仅能够促使企业重新评估其生产组合，向更加绿色可持续的方向倾斜，还能引导市场资源的有效配置，促进经济与环境的和谐共生，最终实现社会福利的最大化。

（二）企业缺乏社会责任意识

在全球化与可持续发展的背景下，提升企业社会责任意识成为推动绿色投资的关

键路径，这被视为一种兼具效率与成本效益的环境管理策略。企业不再仅仅聚焦于传统的盈利目标，而是将履行社会责任纳入其核心运营理念，这一点在发达国家的金融体系及上市公司的透明度要求中尤为明显。

为了深化企业社会责任，多项措施被提出，旨在确保企业与金融机构对其投资活动的环境影响进行详尽披露。构建一个能有效追责的法律框架，让投资者对环境破坏承担责任，这不仅是对绿色投资的一种保障，也是对绿色网络建设的有力支撑。此外，强化绿色教育政策，提升投资者对环境保护重要性的认识，是培养长期绿色投资习惯的基础。

当企业真正践行社会责任时，其行为模式会发生转变，不再过度依赖政府的财政补贴，而是主动寻求绿色投资的机会。这种自我驱动的改变不仅有助于企业树立良好的公众形象，还能够促进整个社会向更加绿色、可持续的发展方向迈进。通过这种方式，企业不仅能够为环境保护做出贡献，还能在市场中获得竞争优势，实现经济效益与生态效益的双赢。

（三）缺乏长期资金的投入

绿色金融的推进面临着多重挑战，首要障碍在于缺乏统一清晰的概念界定，这让绿色金融活动与产品的识别变得模糊不清。投资者、企业以及金融机构往往难以精准定位绿色投资机遇，这不仅阻碍了环境风险的有效管理，也影响了商业交流与政策制定的精准度。因此，确立绿色金融及其产品的确切定义，成为推动这一领域发展的基石。

企业环境信息的不透明性进一步加剧了绿色投资的难度。若无持续且可信赖的绿色资产标识，投资者面对的将是高昂的信息搜集成本，这无疑会抑制绿色投资的热情。透明的环境信息披露机制是降低搜寻成本、促进绿色投资流动的关键。

此外，短期信贷市场的主导地位对绿色项目构成了另一重挑战。在某些主要金融市场，银行贷款的平均期限较短，通常不超过两年，这与绿色项目的长期特性形成了鲜明对比。绿色项目往往需要更长的投资回报周期，而短期资金供给则无法满足其需求，从而推高了融资成本，限制了资金的流入。为了解决这一期限错配的问题，开发专门针对绿色项目的融资工具，如绿色债券及其他基于项目收益的融资方式，便显得尤为重要。这些创新金融产品能够连接短期资金与长期绿色项目，为绿色经济的蓬勃发展开辟道路。

（四）缺乏对环境风险的分析能力

金融机构在评估由环境因素引发的信用风险和市场风险时，往往受限于分析能力，这导致其低估了“棕色”（对环境有负面影响）资产的潜在风险，同时又过高估计了绿色投资的风险水平。这种认知偏差的结果是，那些对环境造成污染的项目继续获得过多的资金支持，而真正有益于环境可持续性的绿色项目却遭遇投资不足的困境。

为了应对这一挑战，部分有前瞻性的金融机构开始采取行动。例如，英格兰银行与中国工商银行等机构已着手开展对环境风险引发的金融风险进行量化分析的工作，此举在业界引发了广泛关注。环境风险评估及压力测试的标准化与规模化变得日益关键，它们能够帮助金融机构更好地理解并管理与环境变化相关的财务风险。

然而，值得注意的是，当前我国金融机构在环境压力测试方面仍处于初级阶段，主要聚焦于银行业的信用风险评估。对于资产管理领域及市场风险而言，环境压力测试的应用尚是一片处女地。未来，随着对环境风险认识的深化，预计会有更多金融机构投入这一领域的研究与实践中，以填补现有空白，确保金融体系能够在环境变迁的大背景下保持稳定与可持续发展。

三、主要发达国家绿色金融模式的经验启示

（一）加强绿色金融机构建设

构建绿色金融体系，我们需从多维度着手以促进经济的可持续转型。首先，国家级的绿色发展银行应运而生，其由政府参与投资，旨在协同中国绿色发展银行及各地绿色银行，共同构筑一个全面的绿色银行网络。这个体系不仅彰显了政府在环境保护与绿色经济发展上的坚定承诺，还通过绿色银行的专业优势，增强了社会资本对绿色项目的吸引力，促使资金流向更加环保的产业领域。

其次，设立绿色产业基金，作为专门针对绿色投资的平台，这不仅是绿色信贷的有力补充，也为公共部门与私营部门的合作提供了新模式。通过少量的政府资金引导，可以吸引大规模的社会资本参与股权投资，有效扩大绿色项目的融资规模。

最后，政策性银行以及像亚洲基础设施投资银行（简称“亚投行”）、丝路基金这样的对外投资与开发机构，应当率先遵循“赤道原则”，成为典范性的绿色金融机构。这些机构应设定比亚洲开发银行和世界银行更为严格的绿色金融标准，积极引领海外绿色投资的潮流，自觉履行对外投资中的环境与社会责任，以此展现我国在全球舞台上的负责任大国形象，推动全球绿色经济的共同进步。

通过建立多层次的绿色金融架构，包括国家级绿色银行、绿色产业基金以及遵循高标准的政策性银行和对外投资机构，我国能够有效地引导资金流向绿色经济，促进国内外的绿色投资，进而为实现可持续发展目标做出重要贡献。

（二）加大绿色金融发展的政策倾斜和财政支持力度

鉴于绿色金融与绿色经济具备显著的正外部性，往往会导致金融机构和企业在推进绿色信贷与绿色项目时动力欠缺，政府的政策扶持和金融激励变得尤为关键。此举旨在增强绿色金融服务的盈利能力，减轻绿色项目融资负担，为绿色经济的成长创造有利条件。具体策略可归纳为以下几项：

首先，政府应强化对绿色贷款的财政补贴，放宽补贴条件，优化审批程序，构建高效透明的绿色信贷补贴体系，确保金融机构在发放绿色贷款时能够获得实质性的经济补偿。

其次，鼓励金融机构与企业发行绿色债券，通过简化发债流程、减免相关税收以

及提供其他优惠政策，如调整存款准备金率等措施，来刺激绿色债券市场的扩张，为绿色信贷与投资活动注入低成本且稳定的资金流。

再次，为绿色企业开辟首次公开募股（Initial Public Offering，IPO）快速通道，优化股票市场对绿色经济的支持机制。依据绿色企业的特性，简化其 IPO 的审核步骤，给予优先上市的机会。随着注册制逐步替代审批制，绿色企业将享有更便捷的上市途径，可以充分利用股市的资本深度和直接融资效率，吸引更多私人资本投入绿色经济的建设中。

最后，通过综合运用财政补贴、绿色债券市场拓展以及资本市场支持等手段，政府能够有效激发金融机构和企业投身绿色经济的积极性，为实现经济的绿色转型提供坚实的基础。

（三）加强绿色金融基础设施建设

构建绿色金融基础设施的核心目标在于营造一个有利于绿色金融蓬勃发展的生态环境，促进金融产品的绿色创新，主要聚焦于五大关键领域：

首先，构建并壮大排污权交易市场，尤其是加速碳交易市场的成熟化。通过优化交易规则，试点跨地区排污权交易，利用价格杠杆激发企业减排潜能，推动资源的有效配置和环境保护。

其次，确立绿色评价体系，由中国人民银行、中国银行保护监督管理委员会及生态环境部门联手制定统一的绿色评级标准与评估流程。评级机构据此对实体及项目实施绿色评估，确保金融机构能准确获取相关环境信息，进而降低绿色项目融资成本，提升绿色经济的吸引力。

再次，推进绿色股票指数的研发与应用，催生多元化绿色投资产品，引导更多绿色企业登陆资本市场，吸引大量资本流入绿色产业，促进其规模化和专业化。

复次，建立一套公益性质的环境成本核算系统，整合企业与项目环境影响数据，构建环评数据库，降低投资者获取绿色项目社会与环保信息的门槛，增强投资决策的透明度和效率。

最后，搭建绿色投资者网络，监督被投企业和项目履行环境与社会责任，培养专业投资者的绿色投资意识与能力，同时普及绿色消费理念，激发公众参与绿色经济的热情。

这些举措旨在打造全面覆盖、功能完善的绿色金融生态，为绿色金融的持续创新与绿色发展提供强有力的支持。

（四）绿色金融发展的法律体系建设

强化绿色金融的法律框架是确保其稳健运行和长远进步的关键。以美国为例，作为全球绿色金融领域的先驱，该国构建了涵盖联邦、州及地方层面的多级绿色金融法规体系，引领着全球绿色金融立法趋势，有效催化了绿色金融的成长。

借助法律的规范性与强制力，激发金融机构对绿色产业的投入热情，这正是构筑绿色金融法制体系的核心要旨。具体措施可概括如下。

首先，实施绿色保险的强制性制度，构建绿色信贷与环境污染责任保险的协同机制，以此限制对环境有害的投资行为，并为环境修复资金的筹措开辟渠道。

其次，强化金融机构在环境法律责任方面的担当，确保其对所资助项目可能引发的环境破坏及社会不良后果承担相应的连带责任，从而促使金融业审慎考量环境因素。

再次，确立上市公司环境信息公开的强制性规定。在中国，证监会与证券交易所联合制定信息披露准则，要求企业定期公布环保状况，此举不仅有助于市场参与者准确评估企业的环境风险，还能够引导更多社会资本流向绿色经济领域，助推绿色产业发展。

最后，构建全面且严谨的绿色金融法律体系，旨在运用法律手段规范市场行为，保障绿色金融健康、可持续地服务于生态文明建设，实现经济社会与自然环境的和谐共生。

（五）国外商业银行业绿色金融创新模式发展的启示

1. 政策制定应该强调国际规则与国情的结合

在全球绿色金融浪潮中，海外商业银行与欧洲及北美银行机构积极引领潮流，依据各自国家的特性与银行发展战略，定制适应本土的绿色金融指导原则。荷兰银行作为“赤道原则”的创始成员之一，确立了一套综合环境、社会及治理要素的标准，进而设计出一系列创新的绿色金融产品。

汲取这些国际实践的精华，我国在推进绿色金融体系构建时，银行业务必须了解“赤道原则”等国际性规范，同时紧密贴合我国国情与各银行的个性化需求，创设具有中国特色的绿色金融评价体系。这意味着，我国银行业在绿色金融道路上，既要与国际接轨，又要彰显本土特色，确保绿色金融政策既前瞻又务实，既能促进国内绿色经济转型，又能提升我国在全球绿色金融市场中的竞争力。

通过这样的方式，我国银行业不仅能够规避环境与社会风险，还能把握绿色投资机遇，为推动全球经济向低碳、可持续方向发展贡献力量。

2. 制定详细目标和标准化流程

全球视野下的银行机构日益重视绿色金融，它们往往设立前瞻性的时间框架以达成既定的绿色目标，且常能超前完成任务。在这一领域，国际银行不仅构建了核心的绿色金融准则，更基于各自的业务特性和市场定位，制定了详实的执行标准。以日本的瑞穗金融集团为例，该行依据“赤道原则”建立了一整套涵盖尽职调查、项目审批、合约签订及后期监控的精细流程，每一环节均得到了深度的细化与规范化。

在绿色金融的发展征途上，我国银行业亦应强化目标导向和标准化作业的策略布局。国内金融机构可根据其特定的经营特质与市场环境，量身定制绿色发展战略，确保企业对绿色转型路径有着清晰的蓝图，从而有效推进目标的实现。与此同时，我国银行界在规划绿色金融标准时，应当积极借鉴国际同行的成功经验，在遵循基础规则的同时，设计出具体而微的执行细则，确保每一个操作步骤都能精准落地，从而全面提升绿色金融的实施效率与质量。

3. 加快发展绿色金融产品，增强企业竞争力

在绿色金融的演进历程中，外资银行展现出了显著的创新能力，尤其是在绿色金融产品的研发方面。如荷兰银行推出的气候变化主题信用卡和低碳加速器基金，彰显了其对环境保护议题的深刻理解和市场敏感度。在国内，我国银行业亦紧随其后，如中国银行的清洁能源机制碳金融业务，以及建设银行发行的绿色电子信用卡，标志着我国在绿色金融产品建设上正稳步前行。

尽管如此，相较于国际上的先行者，国内银行在绿色金融创新产品开发上仍有待突破，尚未打造出真正意义上引领环保潮流的标志性金融工具。鉴于此，我国银行业亟须将创新绿色金融产品作为战略重点，开发多元化、高适配性的绿色金融产品，不仅能满足日益增长的绿色投资需求，拓宽金融服务边界，还能增强银行的市场竞争力。更重要的是，这些创新举措将激发全社会的参与热情，共同推动绿色经济的蓬勃发展，实现经济效益与生态效益的双赢局面。

4. 加强风险控制

风险管理是金融机构的核心职责，特别是在绿色信贷与投资领域，不仅要考量传统的财务风险，还需深入评估项目可能引发的环境影响及相关的长期风险。国际上的银行机构在这方面表现得尤为严谨，它们在风险识别、项目评估、合同条款设计以及贷后监管等环节，都构建了细致周密的管理体系，旨在预防和控制可能出现的各种风险。

相比之下，国内银行业在绿色金融领域的实践尚处于探索阶段，经验积累相对有限。因此，强化风险控制能力成为当务之急。中国银行业有必要借鉴国际先进经验，深入学习并吸收国外银行在风险管理方面的成熟理念与实操技巧。这包括但不限于优化风险评估模型，引入环境与社会因素评估体系，加强合同法律条款的环保合规性审查，以及建立常态化的贷后环境监测机制。通过这些措施，国内银行能够逐步完善绿色金融的风险管理体系，确保绿色信贷与投资活动的健康可持续发展。

5. 实现自身运营的“绿色”运作

国外银行在推动绿色金融的过程中，不仅着眼于客户和产品层面的绿色转型，还注重自身运营模式的低碳化与节能化。它们通过普及电子化办公手段、推行纸张回收计划以及实施节能措施，展现了金融业内部绿色实践的可能性。而在我国，尽管银行业在绿色金融产品和服务方面取得了进展，但对于业务运营过程中环境影响的量化评估与管理，仍处于起步阶段。创建“绿色办公室”，不仅体现了金融机构对于绿色金融理念的内化与实践，也为广大客户树立了榜样，同时，这种做法还能有效降低运营成本，实现经济效益与环境效益的双赢。

为了深化绿色金融的发展，我国银行业亟须设立一套科学的量化指标体系，用于监控和评估其日常运营对环境的实际影响。这包括但不限于能源消耗、废弃物管理和碳排放等多个维度。通过积极倡导绿色办公文化，采取诸如远程工作、数字化文档管理、绿色采购政策等具体行动，我国银行业能够进一步减少资源浪费，保护生态环境，朝着更加可持续的运营模式迈进，从而在实现商业目标的同时，为建设生态文明贡献行业力量。

四、我国绿色金融模式的构思

借鉴国际绿色金融的成熟路径，英国模式被视为发达经济体中的一种标杆，其影响力辐射至美国、德国、法国等其他经济合作与发展组织（Organization for Economic Co－operation and Development，OECD）成员国，这些国家普遍采用了类似的发展框架，侧重于依托市场机制自下而上推动绿色金融的演进。这一模式的核心特征在于，相关国家通常具备完善的环保法规体系，且执行力度强劲，加之面临的环境退化压力相对温和，使得私营部门在绿色金融领域展现出更强的主动性和创新能力，相较于政府，它们在理念传播、风险管理及产品设计上扮演着更为活跃的角色。

然而，自下而上的发展模式虽减轻了对政府财政和监管的压力，但也暴露出固有的局限性。缺乏强有力的政府干预和激励政策，往往限制了政策信号的传导效率和对绿色投资方向的明确指引，进而拖慢了绿色金融市场的发展步伐。绿色金融的关键原则与实践，需要私营企业间经历长期的互动与协调才能逐步成型，这一过程相对漫长且推进不易。此外，公共属性的绿色金融工具与方法在不同私营机构间缺乏有效的共享机制，导致了大量重复性的研发活动，造成了资源的显著浪费。

我国的绿色金融发展历程与西方国家截然不同，立足于本国经济发展的实际需求，我国率先将绿色金融纳入国家战略层面，构建起全球首个全面支撑绿色金融发展的政策体系，彰显出强烈的顶层设计导向。这一自上而下的发展模式的核心优势在于政府能够迅速传达对绿色金融的坚定支持，通过政策引领与市场激活双管齐下，有效催化绿色金融市场步入快速发展轨道。

我国政府及各层级部门的全方位推动，不仅为市场注入了强有力的政策信号，还加速了绿色金融体系的成熟与完善，确保了相关实践的规范与高效。不过，仅凭政策驱动并不能全面解决绿色金融发展中的所有问题。我国当前面临的重大挑战，在于众多金融机构，尤其是中小型机构以及广大市场参与者，在绿色金融领域的专业能力和实践经验尚显不足。

为了深化绿色金融改革，我国必须在未来的日子里持续强化市场基础建设，包括但不限于提升市场参与者的专业素养，广泛实施宣传教育、专业培训，并积极推动绿色金融产品的创新与多样化。这一系列举措旨在构建一个更加成熟、高效且可持续的绿色金融市场，确保绿色金融能够在我国经济转型中发挥更大的作用。

针对我国供给侧结构改革与绿色金融的深度融合，主要策略聚焦于绿色资金供给型模式的构建，旨在推动金融机构内部设立专门的绿色金融部门，专职于绿色金融产品的研发与供应。此举旨在精准对接产业转型升级与环保企业的需求，尤其着重于破解这些企业在绿色发展道路上面临的融资难题。

鉴于此，我们深入分析并整合了国内外相关文献资料，紧密贴合国内实际，创造性地提出了多元化的绿色金融模式，以适应不同融资主体的具体需求。这些模式涵盖了从大型企业到小微企业、从项目融资到消费信贷的多种主体，旨在构建一个全面覆盖、层次分明的绿色金融服务体系，确保各类市场主体均能在绿色转型的浪潮中获得相应的金融支持。通过这一系列精心设计的绿色金融方案，我们旨在促进经济的绿色化转型，同时保障金融市场的稳健发展，实现经济效益与环境效益的双赢。

（一）碳交易模式

碳交易，作为一种创新的环境经济政策工具，其核心在于以市场机制优化环境资源配置，旨在以最小的成本推动全球温室气体减排，减轻减排措施对社会福利的负面影响。这一机制特别关注二氧化碳等温室气体，其计量单位为每吨二氧化碳当量，交易场所即为所谓的“碳交易市场”。

碳交易市场的运作规则可以分为两大类：一是由政府制定的强制性规则，通常涉及排放上限及配额分配；二是基于市场自发形成的自愿性交易体系，更多体现为企业的自主减排行动。根据国际碳市场的实践，碳交易活动主要呈现为两种形式：一是配额型交易，涉及政府分配的碳排放许可额度；二是项目型交易，如清洁发展机制（Clean Development Mechanism，CDM）下的减排项目，通过实施低碳项目产生的减排量进行交易。

相较于传统污染物的排放交易，碳排放交易展现出独特的属性和重要性。首先，鉴于传统产业对化石燃料的依赖，碳排放权正成为新的战略资源，与土地、石油和矿产资源一样，在全球经济转型中扮演着关键角色。其次，由于温室气体具备全球流动性，不受国界限制，因此“碳金融”与“碳交易”不仅限于国内层面，更是国际经济领域新兴的焦点，标志着后危机时代全球竞争的新格局。随着气候变化议题日益凸显，碳交易已成为全球治理体系下不可或缺的一环，引领着未来经济与环境可持续发展的方向。

我国的碳金融市场正处于初期发展阶段，其活动主要聚焦于碳排放权的现货交易、部分协议转让、少量的中国核证减排量（Chinese Certified Emission Reduction，CCER）自愿市场交易，以及商业银行提供的绿色信贷产品。然而，市场成熟度有限，表现为产品种类单一且附加值不高，市场效率和价格发现机制尚未充分发挥作用，风险管理和转移机制也相对薄弱。

在国际舞台上，尽管我国拥有丰富的碳减排项目资源，但在 CDM 项目和全球碳交易规则制定中的话语权有限。发达国家（如欧盟和美国）在交易规则、定价机制方面占据主导地位，同时将本国货币绑定于碳交易的计价与结算过程，这削弱了我国在全球碳价谈判中的议价能力。

鉴于此，构建一个全面的国内碳金融市场变得至关重要。当前，分散的小规模碳交易市场可能增加系统性风险的概率和复杂性。因此，我们迫切需要建立一个全国统一的碳交易市场，通过集中监管、标准化价格形成机制、统一的配额分配方式，来协调各地区的碳交易活动。这不仅有助于确保国内碳价的平稳波动，还能加强风险监控与防范，从而推动碳金融市场的稳健成长，为我国实现“双碳”目标奠定坚实的市场基础。

通过这样的整合与升级，中国能够提升自身在国际碳交易领域的影响力，促进全球碳市场更加公平、透明地发展，同时为国内企业参与全球碳减排行动创造更有利的条件。

（二）绿色信贷模式

在低碳经济的大背景下，生态信用的概念深化了绿色信贷机制，这一机制是商业银行响应绿色金融创新潮流，遵循“赤道原则”而推行的。绿色信贷已成为全球趋势，众多国家在“赤道原则”的引领下，将其融入金融体系，旨在通过金融力量推动可持续发展。

具体而言，绿色信贷是指金融机构，包括商业银行与政策性银行，对那些致力于生态友好的企业，比如采用清洁生产技术、构建资源循环链条、投身于生态技术研发、专注于污染防治与生态修复的企业，提供优先支持和激励，如优惠利率的贷款。同时，对污染严重的企业和项目，则采取高利率和贷款限制等惩罚措施，以此引导资金流向绿色领域，实现资金的环保配置。

绿色信贷的核心在于协调金融行业与可持续发展的关系，它包含两方面意义：一方面，通过信贷支持环保项目和绿色企业；另一方面，对违反环保法规的项目或企业施以信贷限制。绿色信贷理念贯穿银行信贷业务的各个环节，从战略规划到客户信用评估，再到贷款监管，都应遵循绿色信贷的原则，以规避环境风险。

通过实施绿色信贷，银行不仅能助力构建资源节约型和环境友好型社会，还能提升自身的信用风险管理能力，确保长期稳定发展。相较于传统信贷，绿色信贷更注重投资于环保、清洁能源和可再生能源项目，同时抑制高污染、高能耗产业的扩张。绿色金融与传统信贷的区别体现在理念、政策、流程和风险管理等多个层面，将环境保护融入金融决策之中，共同推动经济与环境的和谐共生。

生态信用机制作为一种创新的金融工具，其核心在于构建一个连贯的信用传递系统，它反映了金融机构及企业对环境和自然资源的负责任态度。这一机制实质上是金融中介对其所在地区资源品质与生态环境健康状况的一种经济承诺，该承诺通过信贷活动在实体企业间得以体现与执行。

从促进经济可持续性和优化产业结构的角度看，生态信用机制的作用主要体现在两个方面。一方面，金融机构在产业发展中的关键角色是创造信用，这有助于克服市场参与者面临的流动性约束，从而推动资本的高效分配。另一方面，为了将资源与环境的价值融入经济体系，实现长远的经济增长，我们有必要在生产全链条中嵌入资源与环境的经济效益考量，将企业的环境行为转化为信用资产，进而成为引导资本流向绿色企业的重要杠杆。

生态信用机制的构建，促使企业正视并承担其对资源与环境的责任，这不仅是实现可持续发展目标的必要条件，也是确保企业长期竞争力的关键因素。为了支撑生态技术创新，必须有配套的金融制度，生态信用机制正是这样一种能够促进生态技术创新的制度。无论是绿色债券还是绿色信贷，都不应采取一次性放款的模式，而应针对不同企业和项目的特性，实施差异化、阶段性的投资策略，构建多层次的信贷体系，以动态方式持续支持那些在环保方面表现突出的企业，确保资金流能够精准地服务于绿色转型的需求。

大多数商业银行已采纳了一项协同措施，即实施融资信贷的“环保一票否决”政策，这意味着任何不符合环保标准的项目都将无法获得贷款批准。与此同时，各家银行正在制订符合自身业务特点的绿色信贷操作规程，这些规程涵盖了对绿色信贷项目的甄别、分类以及风险管理等方面。然而，尽管方向一致，真正设立专门部门并配备专业团队来执行绿色信贷业务的银行仍是少数。此外，在绿色信贷的具体操作标准上，各银行之间存在差异，标准的层级与执行水平尚未达到统一，这反映出绿色信贷领域尚待进一步规范化和标准化的现状。

（三）绿色证券模式

生态补偿投融资是生态补偿机制在金融领域的具体应用，其核心在于借助金融体系的力量来促进对生态环境的保护与修复。当生物系统遭遇外界干扰时，其展现出的自然恢复力不仅缓和了损害，还有助于维持了生态平衡，这种自我调节能力正是生态系统对人类活动造成环境破坏的一种天然缓冲。生态补偿机制旨在从广义和狭义两方面应对这一挑战，其中广义涵盖环境污染及生态功能的补偿，而狭义则专注于生态功能与生态价值的补偿，当前实践中多侧重于狭义定义。

生态补偿投融资机制的实质是，利用金融机构、金融产品和市场渠道，为生态保护和生态服务功能的恢复提供资金支持。它聚焦于狭义生态补偿，同时融合了“投资”与“融资”的双重特性，强调在单一过程中实现资本的投向与获取，既涉及资本投入以期获得收益，也包含了资金募集与流通的动态过程。通过这样的机制，旨在构建一个既能保障生态补偿所需资金，又能促进生态可持续发展的金融框架。结合我国的生态补偿机制现状，生态补偿投融资模式主要采取以下几种模式：

1. 通过资产抵押债券结构进行融资

在生态补偿与投融资领域，一种备受推崇的创新融资模式是采用资产抵押债券（Asset Backed Securities，ABS）结构。这一模式的核心是，项目方以其持有的实体资产作为担保，同时以项目未来现金流作为还款来源，通过发行债券的形式吸引投资者，从而筹集所需资金。相较于传统融资途径，此模式往往能提供更为优惠的资金成本，因此在生态补偿项目中得到了广泛应用。

我国在推动这类绿色金融实践方面走在前沿，多个城市已开始尝试将资产证券化应用于城市基础设施的建设中。比如，在我国东部某城市，污水处理设施的建设与运营就采用了这一融资模式，通过将未来污水处理费收入作为偿还债券的保证，成功吸引了大量资本投入。同样，废物回收与再利用项目也借鉴了这一机制，有效缓解了资金压力，加速了环保项目的落地。这些案例不仅展示了资产证券化在生态补偿投融资中的可行性，也为其他地区提供了可借鉴的经验。

2. 公私合作融资模式

在公共项目与基础设施建设中，建设－运营－移交（Build Operate Transfer，BOT）、转让－经营－转让（Transfer Operate Transfer，TOT）以及建设－拥有－运营（Build Own Operate，BOO）等合作模式成为连接政府与私营部门的桥梁，旨在优化资源配置，提高项目效率。其中，BOT 模式允许私营企业负责项目的建设，并在约定的期限内运营和管理，以此获得相应的经济回报；期限届满后，项目无偿移交给政府。相比之下，TOT 模式下，政府预先完成项目建造，再交由企业运营并从中获利，最终同样归还项目给政府。而 BOO 模式则赋予企业永久的所有权，使其能够在项目生命周期内持续运营和受益。

公私合营（Public Private Partnership，PPP）模式代表了公共与私营部门合作的新趋势，其核心在于缔结契约关系，由项目发起人牵头，联合多方成立项目公司，全面负责从融资到建设再到运营的全过程。在这种模式下，政府与企业各自发挥优势，前者提供政策支持和技术平台，后者则贡献管理效率和市场洞察力，共同确保项目的顺利实施。

这些合作模式，尤其是在生态补偿与公共生态系统基础设施建设中，展现出独特的吸引力。它们不仅利用了政府的信用背书，还借助私营部门的专业能力和市场活力，有效分担了投资风险，促进了资本的有效配置。因此，对于我国而言，探索和推广这些模式，能够为生态补偿领域的投融资开辟更加广阔的空间，同时实现经济效益与环境效益的双赢。

3. 发展多种生态金融产品

创建生态补偿投资基金作为一项创新的融资模式，其运作逻辑借鉴了风险投资的精髓，旨在通过资本市场直接吸纳资金，专门服务于那些致力于环境保护、生态修复、绿色科技研发及可再生能源应用的企业。这类基金充当着社会资本的汇聚器，依托市场机制甄选出具备成长潜力或独特竞争优势的绿色企业，为其提供必要的财务支持，同时在资金的投入与运用阶段发挥监督作用，确保资本高效且精准地流向生态友好型项目。

生态补偿投资基金的核心理念在于实现生态价值与资本价值的深度融合，将自然资产转化为可量化的经济资源，从而推动生态效益与经济效益的协同增长。然而，这一模式的成功实施需要坚实的基础，即对生态环境服务进行准确的市场化评估，以及建立健全的制度框架，以维护资本市场运行的公正性与透明度。唯有如此，才能确保生态补偿投资基金在促进绿色经济发展的同时，也能够有效地规避潜在风险，实现可持续的资本增值。

总之，生态补偿投资基金不仅为解决环境问题提供了新的资金来源，同时为投资者带来了绿色投资的机会，它通过资本的力量激励了更多企业投身生态保护与可持续发展的事业之中，进而形成了一种良性循环，推动整个社会向着更加绿色、健康的方向发展。

4. 自然资本的证券化

传统的绿色债券和绿色信贷往往表现为资本被动地寻找符合环保标准的投资目标，

而资本证券化则标志着一个转变，即企业开始主动追求资本，特别是在绿色金融领域。这种互动性的增强激发了绿色金融的内在动力，使得资本与企业不再仅仅是单向流动的关系，而是形成了双向寻找、相互吸引的动态平衡。

在这一背景下，企业逐渐意识到自然资本的货币价值，这促使它们采取更为积极的态度，主动探索和采用环境友好的技术和业务模式，以期获得资本市场的青睐和支持。为了更准确地反映企业的真实状况，环境会计应运而生，它要求企业在传统的财务报表基础上增加自然资产负债表，以全面展示企业对自然资源的利用和保护情况。

这种四表体系（利润表、资产负债表、现金流量表以及新增的自然资产负债表）不仅有助于提升企业的透明度，还能够为投资者提供更为全面的风险评估依据，进而提升绿色投资决策的科学性和合理性。通过这种方式，绿色金融不仅推动了资本与企业之间的有效对接，还促进了企业社会责任的深化和可持续发展战略的实施，共同构建了一个更加健康、绿色的金融市场环境。

5. 建立环境利益相关者股权投资模式

确保环境治理在项目决策过程中不致失效的关键，在于让所有关键的利益相关者深度参与到项目的全生命周期中。这意味着不仅项目的发起人或直接参与者，还有那些可能受到项目影响的各方，如环境保护组织和直接受到环境污染影响的社区成员，都应该被赋予环境利益相关者的地位，可以以类似投资者的角色加入决策层面的讨论。

当环境保护组织和受污染者被视为项目的重要组成部分时，他们能够提供宝贵的视角和信息，这些往往能揭示项目潜在的环境风险和影响。通过积极参与，这些利益相关者可以确保环境因素在决策过程中得到充分考虑，从而推动项目朝着更加可持续和负责任的方向发展。这样的参与机制不仅增强了决策的民主性和透明度，也最大化了环境因素在项目规划、执行和评估各阶段的影响，有助于实现真正的绿色治理和可持续发展目标。

6. 构建全产业链融资模式

节能环保产业的蓬勃兴起与传统产业的环境治理紧密交织，共同描绘着绿色经济的未来蓝图。企业利润植根于服务对象之中，这使我们认识到，绿色金融模式应当将视野拓宽至整个产业链，而非仅仅聚焦于单一环节。将绿色金融的理念从生产端延伸至消费端，意味着每一环的市场参与者，无论是上游供应商还是终端消费者，都应成为绿色产品或服务投资链条上的一分子，共享其带来的经济效益，同时也共担潜在的环境风险。

鉴于国家证券市场的现状及企业投融资活动的特点，结合各类证券产品的发行态势，绿色证券产品已成为企业直接融资的主要渠道。绿色证券要求上市公司在首次公开募股或后续融资时，需经过严格的环保审查，确保资金流向符合环保标准的项目。在此基础上，政府应进一步完善绿色证券市场的监管框架，建立一套全面的环保准入标准和环境绩效评价体系，专门针对高污染、高能耗企业。这套体系应涵盖绿色市场准入、绿色增发与配股机制，以及强制性的环境信息披露制度，旨在从资本市场的源头控制污染源，抑制这类企业的盲目扩张，引导资金流向更清洁、更可持续的领域。

绿色金融的创新模式各具特色，且各有其应用领域。碳排放交易作为一种旨在调控温室气体排放的金融工具，在应对跨国界环境影响方面展现出其独特价值，这一议题正逐渐成为全球关注的焦点。鉴于国际碳交易市场已相对成熟，深入探索其最新动态对于我国构建本土碳排放市场及融入国际碳交易体系具有重要借鉴意义。尽管如此，国内碳交易市场仍面临挑战，信息不透明、标准不一、地区试点割裂以及交易品种单一等难题，导致市场价格发现功能受限，市场效率有待提升。鉴于此，我们将注意力转向以绿色信贷与绿色证券产品为代表的其他两类模式。

绿色信贷模式在以间接融资为主导的金融体系中扮演关键角色，它旨在弥补传统信贷机制在约束企业环境污染行为方面的局限性。通过将企业环保承诺纳入信用评估体系，绿色信贷能长期影响企业的融资能力，激励企业主动承担环境责任。而以绿色证券产品为核心的投融资模式则适应了资本市场的特性，特别适用于初始投资大、回报周期长的环保项目，如公共生态工程。然而，我国在环境基础设施建设方面面临的盈利难题不容忽视，此类项目往往难以产生直接收益，甚至难以覆盖初期投入。但观察全球实践，从发达国家到发展中国家，多元化资本市场与丰富金融产品的运用，在生态补偿领域的投融资中展现出了巨大潜力。这不仅有助于政府和市场各司其职，解决公共物品尤其是生态产品融资难、收益低的困境，而且生态产品收入的高弹性特征，也促进了金融机构收入来源的多样化，进而推动经济向低碳化转型。

以绿色证券产品为引领的投融资模式，为我国资本市场助力低碳与环保产业发展提供了可行路径。借助资本市场的高效资源配置，可有效促进产业结构优化升级。面对经济低碳化与绿色经济的强劲趋势，绿色金融创新模式的开发与实施无疑是平衡经济增长与环境保护，迈向可持续未来的关键之举。

五、绿色金融模式对供给侧改革市场的影响

绿色金融模式象征着金融领域的革新方向，它倡导一种兼顾经济效益与生态效益的可持续发展模式。传统金融体系往往忽视环境因素，而随着环境退化加剧，中国愈发认识到绿色发展的紧迫性。政府通过制定明确的产业导向政策，如国家发展和改革委员会对产业的支持与限制清单，引导金融机构在信贷决策中融入环保考量，否则可能面临业务受限的风险。

绿色金融模式的兴起，标志着一场对现有高碳经济格局的根本性变革。它秉承长远视角，将绿色收益视为核心追求，超越短期利益驱动。通过灵活运用利率调节和创新评估体系，绿色金融致力于构建一个既有利于社会又能促进金融业自我更新的生态系统。不同于传统金融对环保产业的冷落，绿色金融主动聚焦于环境与生态领域的投资，通过资金流向调整，扶持那些关乎人类福祉的绿色产业，激发社会整体的可持续发展潜能。

放眼全球，清洁能源、碳交易与清洁技术已成为拉动经济增长的新引擎。金融机构若能敏锐捕捉这一趋势并加大对这些领域的投融资力度，不仅能把握住未来商机，还将奠定自身可持续发展的基石。绿色金融模式的广泛实践，最终将渗透至经济供给

端，重塑增长模式，推动形成符合生态文明要求的新常态经济。这种模式的推广，不仅是对传统金融理念的超越，更是对未来世代负责的行动宣言。

在供给侧结构性改革的宏观框架下，绿色金融正加速催化这一转型步伐。其核心在于将生态优先、绿色低碳的理念深度融合于金融实践中，金融机构作为关键推手，通过一系列绿色金融工具，包括绿色信贷、绿色债券、绿色基金及碳市场交易产品，精准投向绿色项目与产业，同时对高排放、高消耗企业施加融资约束，促使其转型升级或退出市场。

绿色金融赋能供给侧改革，具体路径多元且有效。首先，资本导向作用明显，绿色资金流导向清洁技术、可再生能源、节能环保等前沿领域，加速了绿色产业链的构建与成熟。其次，政策引导不可或缺，政府出台的激励措施与监管规范，如绿色信贷政策、碳定价机制等，为绿色金融活动提供了明确指引与保障。再者，信息传递机制畅通，金融机构与企业间的信息透明度提高，有助于识别绿色投资机会，减少环境风险。最后，创新驱动成为常态，绿色金融产品与服务的不断创新，不仅满足了市场多样化需求，还激发了实体经济的绿色创新活力。

（一）资本导向机制

绿色金融体系遵循差异化策略，旨在精准扶持绿色项目与产业，同时促使资源从污染密集型行业重新配置至清洁、节能及低碳的领域。通过这一机制，金融机构有效激励技术创新与绿色业务模式的探索，加速产业结构的绿色转型。在贷款审批环节，环保被纳入评估标准，确保资金流向那些致力于节能减排和环境友好的企业与项目，同时遏制对“两高一剩”（高污染、高能耗、产能过剩）领域的资金供给，为新能源和环保产业的成长开辟道路。

绿色金融市场通过内在化环境成本，即让企业的经营活动承担起其对环境造成负面影响的真实代价，促使效率低下且环境负担沉重的项目或企业自然淘汰。这一过程依托于一套完善的激励与约束机制，其中，绿色金融工具如绿色信贷、绿色债券等，不仅为符合环保标准的企业提供融资便利，还通过市场手段对不达标者实施资金限制。由此，社会资本得以有效流向绿色经济，促进可持续发展模式的普及，强化经济体系的整体环境适应性和竞争力。

（二）政策导向机制

绿色金融机制将生态因素融入核心金融决策，彰显出其兼具公共利益与政策导向的特性。这不仅反映了政府与社会对平衡经济增长与生态保护的深切关注，也反映了对两者和谐共生愿景的追求与实践。作为对环境法规的积极反馈，绿色金融有力地推动了产业革新与科技创新政策的调整，促使它们更加聚焦于促进经济结构向绿色、低碳方向的转型。通过这一系列举措，绿色金融不仅有助于构建可持续的产业生态，更在深层次上推动了社会整体向环境友好型经济模式迈进。

（三）信息传递机制

绿色经济体系内固有的外部效应与信息不对称问题，促使绿色金融发挥其独特作用。依托金融机构的专业信息搜集、分析及评价体系，绿色金融能够深度挖掘并准确评估各类绿色投资项目的潜在价值与风险。通过对海量数据的精炼解析，金融机构能筛选出最具成长潜力的绿色企业和行业，引导资金流向那些真正具备可持续发展前景的领域。这种基于专业判断的投资导向，经由市场传导机制，能有效影响广大投资者与公众的决策，促进资本与资源的高效匹配。最终，这一连串的绿色金融活动驱动了产业结构的优化升级，加速了经济体系向绿色、低碳模式的全面转型。

（四）创新激励机制

绿色金融作为推动绿色发展的重要杠杆，其核心使命在于激励环保科技革新，促进节能减排。它尤其聚焦于那些资本需求庞大、回报周期漫长且面临融资难题的绿色创新项目，确保这些项目获得必要的资金注入，从而引导社会投资流向绿色、低碳、环保的产业。绿色金融摒弃对高污染、高能耗项目的资金供给，转而集中力量支持那些秉持可持续发展理念、环境友好的新兴事业。

新能源与清洁技术的研发，作为低碳经济的关键支柱，呈现出高度依赖人力资本、轻资产的特性。绿色金融通过风险投资等渠道，甄选并扶植那些成长潜力巨大、市场前景广阔的项目与产业，从起步阶段即予以重点培育。伴随技术的成熟，迅速将其导入市场，旨在激发环保科技的自主创新活力，构建经济增长的持久引擎。

为契合绿色金融倡导的节能减排理念，获取其资金助力，企业势必要在技术革新、生产工艺及作业流程上寻求突破，致力于降低能源消耗与污染物排放，提升生产效能。这一过程不仅促进了企业的自我革新，更引领整个产业向更加绿色、高效的形态进化，共同营造一个可持续发展的未来。

（五）资源整合机制

绿色金融的作用机制在于优化资本配置，它如同一只无形的手，牵引着金融资源流向那些秉持绿色理念的企业与行业。借助金融市场和操作体系的力量，绿色金融能够催化资本大规模集结于环保型企业及绿色产业，赋予它们更强的发展动能。与此同时，传统高污染、高能耗的产业则会遭到资本市场的冷遇，资源获取日益受限，面临严峻的发展挑战。

这一动态过程促使资源与要素向着绿色、高效的方向重新分配，加速了产业结构的绿色转型。绿色金融不仅能筛选出具备可持续发展潜力的优质企业，还能通过促进资源整合，推动整个产业链条向更加清洁、低碳的模式演进，最终实现经济效益与生态效益的双赢格局。随着这一趋势的深化，绿色金融将成为驱动全球经济向绿色化转型的关键力量，有助于塑造一个更加可持续的未来。

（六）风险管理机制

绿色金融在支持绿色新兴技术项目与高风险行业时扮演着至关重要的角色，它不仅为这些前沿领域的创新与发展注入了必要的资金，还通过分散和管理风险，增强了其市场竞争力和生存能力。对于处于起步阶段的绿色技术，绿色金融提供的资本支持犹如及时雨，缓解了资金压力，加速了技术的商业化进程和市场渗透。

同时，绿色金融体系依托金融机构的专业风险管理能力，从项目的初期筛选到后期执行，实施全方位的风险监控。这包括对项目资质的严格审核、对风险因素的全面评估以及持续的风险管理措施，确保资金被有效且安全地运用。此外，绿色金融还监督受资方遵循绿色标准和环保法规，促使企业在追求经济效益的同时，兼顾生态环境保护，从而推动产业结构向更加绿色、可持续的方向优化升级，保障经济发展的稳健步伐。

通过这样的方式，绿色金融不仅促进了绿色技术与产业的健康成长，还提高了金融市场的稳定性和透明度，为构建一个绿色低碳的经济体系奠定了坚实的基础。

（七）信用催化机制

依据信用创造理论的核心理念，信用不仅是现代化经济体系中的“血液”，更是激活资本流动与经济增长的关键动力。在这一框架下，绿色金融作为信用创造机制的重要组成部分，展现出其独特而深远的影响。它不仅精挑细选那些与绿色发展目标相契合、经济效益显著的项目和产业进行资金注入，更前瞻性地聚焦于那些蕴藏巨大潜力、代表未来发展方向的绿色项目与新兴产业，为其成长壮大提供强有力的资金后盾。

绿色金融通过信用的杠杆效应，引导资源流向那些能够实现环境友好型增长的领域，促进经济结构的优化升级。这种选择性投资策略不仅有助于淘汰落后产能，减少环境污染，还能激发科技创新与产业升级，培育新的经济增长点。随着绿色金融的深度参与，越来越多的绿色项目获得了发展所需的资金支持，进而加速了绿色经济体系的构建，推动经济社会向着更加可持续、高质量的发展路径迈进。

绿色金融在信用创造理论的引领下，不仅成为推动绿色转型的关键力量，还为全球经济的绿色复苏与长期繁荣贡献了不可或缺的动力。

六、绿色金融模式对供给侧改革的实践成效

（一）绿色金融模式推动供给侧改革，促进产业升级

绿色金融模式主要通过绿色信贷、绿色保险和绿色证券等产品来推动供给侧改革主要作用如下：

1. 绿色信贷助推传统产业升级

遵循国家政策的导向，我国银行业正积极发挥其在经济转型中的关键作用。商业银行及政策性银行响应号召，主动调整信贷结构，重点支持传统行业的现代化升级，

特别是在技术创新、研发实力提升以及循环经济实践方面。这些金融机构通过提供精准的信贷服务，助力企业提高技术含量，强化节能减排措施，促使传统产业向高端化、智能化与绿色化方向转型。

与此同时，对于那些技术陈旧、产能过剩以及环保不达标的项目和企业，银行采取审慎态度，严格控制贷款发放，以此加速低效产能的市场出清过程，推动行业内中低端企业的优化整合或有序退出。这一系列举措旨在促进产业结构的合理布局，确保资源的有效配置，从而实现经济高质量发展和环境的可持续保护。

整体而言，在国家宏观调控下，银行业的信贷政策正有效引导社会资源流向更有发展潜力和环境友好的领域，为我国经济的转型升级和生态文明建设提供了坚实的金融支撑。

2. 绿色保险促进环境治理和产业转型

绿色保险作为一种创新的金融工具，其核心在于通过保险机制促进环境风险管理和可持续发展。其中，环境污染责任保险尤为突出，它通过将保险费用与企业的环境风险水平相挂钩，激励企业采取更严格的环保措施，如节能减排和污染治理。保险公司作为第三方监管者，定期评估并监督投保企业的环境表现，这种机制不仅增强了企业的环境风险管理意识，还间接促进了绿色技术的应用和环境质量的改善。

若将绿色信贷政策与环境污染责任保险相结合，即要求企业在申请绿色信贷时必须投保环境污染责任保险，这将构建起一个闭环式的激励机制。银行在审批信贷时，会考量企业的环保合规性和投保情况，从而鼓励企业主动降低环境风险，加速向绿色经济模式转型。此外，诸如低碳环保产品质量安全责任保险和可再生能源项目保险等专门针对绿色产业的保险产品，为企业提供了额外的保障，进一步降低了绿色项目投资的不确定性，激发了市场对绿色技术和项目的投资热情，推动整个产业链向低碳环保方向升级。

绿色保险不仅能够帮助企业和项目抵御环境风险，还能通过市场化的手段促进环境保护和绿色经济的发展，成为构建绿色金融体系的重要一环。

3. 绿色证券推动行业的调整和整合

绿色证券的兴起为致力于可持续发展的企业开辟了一条全新的融资路径，显著降低了它们的资本成本，尤其对于那些需要大量资金投入的中长期绿色项目而言，这无疑是一股强劲的推动力。绿色证券市场的蓬勃发展，不仅直接促进了绿色企业的壮大，还加速了行业内的整合与优化，通过并购与重组，提升了整体的绿色经济效能。

绿色证券的发行和交易，依托于一套严格的环保审查流程、透明的信息披露制度以及持续的环境监督机制。这些措施促使企业正视其环境影响，将潜在的环境成本显性化，纳入财务规划之中。面对由此产生的成本压力，企业自然会寻求技术创新和效率提升，力求通过减少污染排放或转向低碳、高附加值的业务领域来实现自我革新。

与此同时，碳金融市场作为绿色金融体系中的另一关键组成部分，通过碳排放权的交易、低碳技术的投资以及绿色项目的融资，为绿色企业及新兴绿色技术的孵化提供了前所未有的机遇。碳金融与绿色证券等绿色金融工具的深度融合与创新，不仅丰富了绿色经济的融资渠道，还有效引导了资金流向高效能、低排放的项目，进一步加速了传统产业的绿色转型，推动了新兴绿色行业的崛起，共同构筑了一个更加繁荣、绿色的未来经济图景。

4. 绿色产业基金将支持新兴技术和新兴产业的发展

绿色产业基金的股权融资模式已成为驱动绿色企业和项目成长的关键引擎，尤其是在环保与高科技领域的新兴产业，这类产业往往处于发展的初期阶段，其未来的盈利能力和市场接受度存在较高不确定性，因此迫切需要绿色创投和风险资本的注入来跨越这一高风险期。政府扮演着至关重要的角色，通过设立专业化的绿色产业基金，或是直接注入种子资金，再吸引多元化的社会资本参与，共同为绿色技术的研发和产业化提供坚实的财务后盾。

这种由政府引导、市场主导的融资机制，不仅能够有效分散投资风险，还能激发社会资本对绿色经济的热情，形成政府与民间资本合力推动绿色创新的良好局面。随着绿色产业基金的规模不断扩大，其对绿色技术和新兴产业的支持力度也日益增强，从而加速了企业与整个产业的绿色转型进程，为构建可持续发展的经济体系奠定了坚实基础。通过这种模式，绿色产业得以茁壮成长，不仅促进了环境保护，也为经济增长注入了新的活力，实现了经济效益与生态效益的双赢。

（二）绿色金融通过引导效应和挤出效应来促进经济转型升级

在推进供给侧结构性改革的过程中，优化产品供给结构的核心在于调整和升级各类生产要素的配置。绿色金融产品作为催化剂，引导资金流向环保与节能领域，确保资本要素优先服务于绿色产业。同时，绿色金融市场的作用在于促进资源要素的有效分配，使其倾向性地投入那些高效且低污染的行业，由此，绿色金融体系能显著改善生产要素的供给格局。

通过减少对传统产能过剩行业的资金支持，绿色金融促使这些行业进行必要的结构调整和转型升级，同时，它为新兴的绿色产业提供了充足的发展动力，加速了其成长步伐。绿色金融产品的创新与绿色金融市场的发展，共同推动了节能环保产业的蓬勃发展，为经济结构的优化升级提供了强大的动力。这一系列措施不仅有助于环境的可持续发展，还促进了经济体系向更加绿色、低碳的方向转型，实现经济发展与环境保护的和谐共生。就理论而言，绿色金融推动经济转型升级主要是通过引导效应和挤出效应来实现的：

1. 资源配置产生引导效应

实施价格调控手段，结合绿色信贷与绿色债券等创新型绿色金融工具，有效地调整了各行业间的融资条件、途径及便捷度。这一系列举措有力地推动了金融资源向环保及绿色服务领域的倾斜，成功破解了绿色产业长久以来面临的融资难题。通过差异化的价格机制与定制化的金融服务，绿色金融产品不仅降低了绿色项目融资的成本，还提高了融资效率，为绿色产业发展注入了强劲动力，促进了经济的绿色转型和可持续增长。

2. 资产定价造成挤出效应

依据公共经济学理论，自然资源具有公共物品的特点，其开发利用往往伴随着环境污染与生态系统退化等负面外部效应。传统市场机制未能充分计价这些负面影响，造成资源的非理性消耗与环境的过度负担。在绿色金融市场中，尤其是像碳排放交易这样的机制，凭借金融工具的资产估值作用，能够将此类外部成本内部化，即让环境代价成为商品和服务价格的一部分。

当资源获取成本因反映真实环境影响而上升时，那些生产效率低下、环境管理不佳的传统产业，如初级资源开采与重工业，将面临更高的运营成本，这促使它们要么提升能效以降低成本，要么缩小规模甚至退出市场。在碳交易体系中，不再无偿分配的碳排放配额迫使低效高排企业以高昂价格购买碳信用，长此以往，这类企业将难以与那些低碳、高效的企业竞争，最终被淘汰出局。

在绿色金融体系下，政府的规制与市场的激励相互补充，确保了政策设计与资本流向的协同一致，实现了环境保护与经济增长的双重目标，为践行绿色发展策略构建了一条清晰路径。这种模式不仅强化了企业的环保责任，也促进了全社会向更加可持续的发展模式转变。

第六章　绿色金融的未来发展趋势与挑战

第一节　绿色金融的未来发展趋势

一、发展“互联网 +”智慧能源具有现实意义

绿色金融不仅是加速经济向绿色转型的关键，也是金融业寻求长期稳健发展的内在要求。在我国，绿色经济与生态文明建设被赋予重要地位，“创新、协调、绿色、开放、共享”的新发展理念共同构成“十四五”时期经济社会发展必须遵循的原则。清洁能源，包括风能、水能、太阳能等，是构建可持续生态与高效能源系统不可或缺的组成部分，对于实现环境与经济的和谐共生至关重要。

尽管清洁能源的比重看似仅需小幅提升，但实际操作中的挑战却颇为艰巨。近期化石燃料价格的骤降对可再生能源项目构成了严峻考验，形成了显著的竞争压力。

与此同时，能源互联网，即融合“互联网 +”与智慧能源的概念，正被视为引领未来能源革命的关键技术。能源互联网旨在优化能源结构，提升可再生能源的利用比例，促进化石能源的清洁高效转化，同时增强能源系统的整体效能。它还致力于开放能源市场，推动产业升级，创造新兴经济驱动力，以及深化能源领域的国际合作。我国将构建起较为成熟的能源互联网市场机制与体系，以及完善的技术标准，为全球能源互联网技术的标准化与国际化奠定基础。这一进程不仅关乎能源技术的革新，更关系到经济社会全面绿色转型的战略布局。

二、中小企业新能源融资租赁是未来发展趋势

投融资难题长期困扰着绿色低碳企业，尤其是中小型能源公司，它们往往因资金链紧张而难以扩张。融资租赁作为一种产融结合的有效手段，在帮助这类企业突破资金瓶颈方面展现了显著效用，其与新能源行业的协同作用日益凸显。除了传统领域，如农业、工程机械、航空、医疗等，融资租赁在新能源市场的布局正迅速扩大。

目前新能源电力项目的融资租赁主要沿用传统模式，其中售后回租占据主导，融资期限通常不超过五年，这种模式实质上接近于信贷业务。统计显示，包括兴业租赁、

中民投租赁、中建投租赁在内的多家企业，均将新能源视为优先发展的业务方向。

不仅已有金融机构涉足新能源领域，新兴的租赁公司亦积极投身绿色产业，深耕细作。尽管参与新能源电力项目的融资租赁公司数量增多，基于风险考量，实力雄厚的大型能源企业仍然是这些公司的首选合作对象，相比之下，中小企业获取资金支持的难度并未显著降低。

面对大型项目融资的激烈竞争，融资租赁行业正逐渐转向为中小型企业提供定制化的金融服务，涵盖资源评估、设备采购、电站建设、后期运营直至项目全生命周期的综合资金解决方案，这反映出新能源电力融资租赁领域的新趋势。通过这种方式，融资租赁公司能够更好地适应市场需求，同时能为中小企业提供更加全面和灵活的金融支持，助力绿色能源的普及与发展。

三、需重视风控管理

展望2050年，风能和水力发电有望成为全球可再生能源体系中的关键支柱。然而，如何有效存储间歇性产生的新能源，实现能源的自给自足，正成为亟待能源企业攻克的技术壁垒。西门子等跨国企业正积极投入研究，力求在这一领域取得突破，预计这也将是2050年可再生能源应用的核心场景。

机遇与挑战并存，创新与风险相伴。我国的绿色金融体系尚在起步阶段，融资租赁公司在开拓新能源市场的同时，必须平衡创新与风险管理。当前，大多数租赁公司仍依赖传统的风险控制方法，如抵押、担保和质押，来管理新能源绿色租赁业务中的潜在风险。

从电力产业的风险管理角度出发，融资租赁公司必须聚焦于五大核心风险点：项目资源风险、发电设备风险、项目建成风险、承租人风险以及政策风险。对于政策风险，公司需要保持高度敏感，密切关注电价调整、限电限能政策变动，以便迅速反应和调整策略。

在项目层面，细致评估资源品质、项目合规性、电网接入能力和电力消纳情况至关重要。同时，应确保工程按期高质量完成，选择信誉良好的承包商，并实施严格的工程监督和财务支付控制。项目竣工后，持续监测设备运行状态，保障稳定供电。

至于承租方风险，评估其财务状况、运营经验和专业能力，以及其关联产业对单一项目可能带来的交叉影响，是决定租赁协议成败的关键因素。通过对这些因素的综合考量，租赁公司能够更好地在新能源领域稳健前行，抓住绿色转型的机遇。

四、我国农村金融发展存在的问题及其未来发展趋势

改革开放几十年来，随着我国社会经济的不断发展，我国农村金融经历了多次重大改革，目前逐步形成了比较健全的农村金融体系。但农村资金大量外流、农户和农村中小企业贷款难的状况并没有得到根本改善。进一步深化农村金融改革，增加农村金融供给，改善农村金融服务，仍然是农村改革发展中的一项重要工作。

（一）我国农村金融体系改革发展的状况

近年来，伴随我国经济的蓬勃成长和金融体系的日益成熟，农村金融改革与发展的步伐显著加快，具体表现在两个重要方面：首先，农村金融机构的现代化转型有序进行；其次，“三农”（农业、农村、农民）领域的信贷规模持续扩大，为乡村振兴注入了活力。

尽管取得了进展，农村金融体系仍然面临一系列亟待解决的问题：

资金外流加剧：当前，农村地区普遍存在资金净流出现象，即通过诸如农村信用社、邮政储蓄等渠道，流向城市的资金远超反向流入农村的资金量。这种不平衡导致了农业和农村经济资金链紧张，抑制了农村经济的增长，加剧了城乡经济差异。

金融机构布局不合理：自商业银行改革以来，主流银行大规模缩减了在农村的实体网点，而专门为“三农”服务的金融机构却未能及时填补空缺，导致农村地区金融服务覆盖率低，广大农民获取金融服务不便。

金融产品和服务滞后：现有农村金融机构主要依赖传统信贷和商业保险产品，而对于农民迫切需要的小额贷款和农业保险产品创新不足，产品种类单一，盈利能力弱，不利于金融机构的长期发展。非正规金融组织虽能满足部分农民需求，但其快速增长背后隐藏着较高的风险。

金融基础设施薄弱：适应农村经济特性的电子化、票据化支付结算系统建设滞后，服务覆盖面有限，操作便捷性差，限制了金融支持“三农”的效能，阻碍了农村全面进步的步伐。

上述问题凸显了农村金融体系在服务能力上的短板，对农村经济社会的全面发展构成了重大障碍，亟须通过深化制度改革、加大金融创新和基础设施建设力度来予以破解。

（二）发达国家农村金融体系对中国的启示

在全球经济持续演进的背景下，发达国家，特别是美国，对其农村金融体系进行了深刻变革，构建了一个集政策性金融、合作金融与农村保险为一体的综合、立体的金融服务框架。美国的这一金融体系不仅确立了农村建设资金的长效流转机制，还有效地促进了农业与农村的繁荣，保障了农民群体的权益。

汲取美国的成功实践，结合我国农村的实际情况，构建一个既可持续又多层级的农村金融体系，正成为我国农村金融改革的核心路径。这意味着，未来的改革方向将致力于打造一个能够满足不同层次金融需求、促进农村经济健康发展的金融生态，同时确保金融服务的普惠性和金融市场的稳定性，以此推动我国农村金融体系迈向更加成熟和高效的新阶段。

强化政策性金融的作用，鼓励合作金融的发展，以及完善农村保险制度，可以为农业生产和农村经济提供更加稳定和多元化的资金支持。同时，这也有助于提升农村居民的金融素养，增强农村经济的抗风险能力，最终实现农村金融与农村经济的和谐共生与共同发展。

1. 鼓励金融组织创新，推动交易工具和业务品种的创新

为了紧密贴合农村现状及农业经济的动态发展，我们应当着力于培养具有商业可行性和持续发展能力的金融实体。在具备相应条件的地区，设立社区银行与小额信贷机构成为一种切实可行的选择，它们能够深入基层，更精准地满足农户与小型农业企业的需求。

同时，引入国际上专为农业量身定制的金融产品也显得尤为重要，这些产品在国外农村金融实践中已被证明能够有效满足多元化融资需求。通过借鉴和创新，我们可以丰富国内农村金融市场的产品线，提高金融服务的覆盖率和效率，从而更好地支撑农业现代化进程，促进农村经济的全面发展与农民收入的稳定增长。这一策略不仅有助于提升农村金融服务的质量，还能激发农村经济活力，推动农业产业结构优化升级。

2. 对现有农村商业性金融机构明确功能定位

为了深化农村金融体系的改革并确保其长期健康发展，农信社（农村信用合作社）应当进一步巩固和拓展已有的改革成果，致力于成为商业上可持续运营的金融机构，其核心服务对象应聚焦于乡（镇）、村以及广大农民群体。这意味着农信社需要在保持财务稳健的同时，创新金融服务模式，提升服务效率与质量，确保能够有效满足乡村经济发展的多元化金融需求。

农业银行作为国家重要的涉农金融机构，在完成股份制改革后，应当通过内部机制和体制的优化升级，充分发挥其作为大型商业银行的系统性优势。这包括但不限于提升信贷审批效率、创新金融产品、增强风险控制能力等措施，以更高质量和更高效益地支持农业产业化、基础设施建设和城镇化进程，特别是加强对县域经济的金融支持力度，促进地方经济的全面发展。

与此同时，邮政储蓄银行也应积极推进改革，遵循商业化运作的原则，合理引导邮政储蓄资金更多地投入到“三农”领域，以解决农村地区金融服务供给不足的问题。通过这些举措，邮政储蓄银行可以更好地服务农村经济，促进农村金融市场的繁荣，助力乡村振兴战略的实施。

农信社、农业银行及邮政储蓄银行各自在改革进程中扮演着重要角色，通过深化改革、优化服务，共同推动我国农村金融体系的现代化，为实现农业农村现代化提供坚实的金融支撑。

3. 加强政策引导，开展金融知识教育

要加强社会信用制度建设，转变农业政策性金融的发展理念，努力塑造有适度竞争的农村金融市场，用市场化利率覆盖其经营风险。

（三）关于农村金融创新的建议

在银行业积极应对金融危机的新形势下，农村银行体系的转型升级至关重要。为了增强创新能力、竞争能力和风控能力，农村银行必须适应市场需求，发挥自身优势，采取差异化经营策略，以在激烈的多元化竞争中确立独特竞争优势。以下是六个关键措施：

1. 加大政府支持力度

政府应当全面加强对农村金融机构的支持，不仅限于财政补贴和税收优惠，更应涉及机构设立、运营、人才引进、法律保护以及正面舆论宣传等各个方面。地方政府应重视农村金融工作，将其纳入社会经济发展规划，合理增设金融机构，特别是在金融服务不足但经济可持续性强的农村地区，以扩大金融服务的选择范围，增强金融市场的竞争力。

2. 提升农村金融服务基本功能

加强农村金融基础设施建设，尤其是支付和清算系统建设，提高自动化处理水平和效率。通过创新管理模式、改革产权制度、完善公司治理和强化风险控制，全面提升农村金融服务质量。

3. 加强农村金融人才培养

针对农村金融机构人才短缺的问题，高等教育机构和科研单位应加大对实践和理论人才的培养力度，帮助人才树立服务于农村金融发展的信念，培养政治素质高、业务技能强、研究能力突出的新型农村金融人才。同时，完善激励机制，包括薪酬、职称晋升和干部选拔，以留住和重用人才。

4. 建立多层次的农村金融体系

拓展政策性金融的服务范围，鼓励合作金融组织发展，逐步规范和引导民间金融活动。通过市场化手段解决民间金融问题，促使其规范化、制度化，利用传统信用资源培育民间金融主体，推动金融产业多元化和市场化。

5. 加快法律制定，创造良好制度环境

构建完整、稳定的金融法律体系，明确金融监管协调机制、信息共享机制的建立方式，强化市场参与者的信用意识，稳步推进农村金融立法，为农村金融体系的运作提供坚实的制度支撑。

6. 建立信贷保险和补偿机制

建立农村信贷保险制度，开发农业贷款损失补偿保险产品。政府应设立信用担保补偿基金，建立区域性信用再担保机构，以分散农村金融机构的风险，完善特色农业风险分散与补偿机制。

这些措施旨在为农村银行提供一个全面的框架，以应对当前的挑战，抓住机遇，促进农村金融市场的健康和可持续发展。

第二节　绿色金融发展面临的挑战与问题

一、绿色金融发展面临的挑战

（一）缺乏完善的绿色金融体系

在绿色金融的推进中，企业面临多重挑战，其中决策机制缺乏健全性和保密性显得尤为突出。一方面，部分企业尚未构建起独立而完整的决策体系，这不仅影响了决策的效率与质量，还可能因为内部管控的疏漏，导致敏感的决策信息外泄，给企业带来不可预知的风险。另一方面，企业决策层在考量项目时，往往过度聚焦于社会影响力与企业管理层面，而忽视了绿色金融的核心价值与长远利益，这种偏向使得绿色金融体系难以深化和完善，也无法在日常交易活动中得到有效运用。

这一现状揭示了企业在绿色金融实践中的盲点，即未能充分认识到绿色金融对企业可持续发展的重要性，以及在执行层面缺乏有效的整合与应用。要克服这些障碍，企业需要从以下几个方面着手改进：

1. 建立健全决策机制

确保决策过程的透明度与保密性并重，通过完善内部流程和加强员工培训，防止重要信息的不当披露。

2. 强化绿色金融意识

提升管理层对绿色金融价值的认知，使其在决策时能够平衡经济效益与环境效益，真正将绿色金融理念融入企业战略。

3. 优化绿色金融体系

企业应与金融机构紧密合作，共同探索和设计符合绿色标准的金融产品和服务，为绿色项目的实施提供资金支持。

4. 推动绿色金融实践

将绿色金融原则应用于日常交易活动，如投资、借贷、风险管理等，以实际行动支持可持续发展目标。

通过上述措施，企业不仅能有效避免信息泄露的风险，还能深化绿色金融的实施，促进企业和社会的共同进步。

（二）与市场发展脱节

在社会经济的迅猛发展中，众多企业过度专注于直接生产活动，却忽视了资产运作效率及对绿色金融领域的深入探索，这在日益激烈的市场竞争环境下尤为突出。为了应对这一挑战，需提升绿色金融专业人才的素质，确保他们能迅速掌握信贷动态、绿色债券等关键信息，从而精准判断市场趋势，有效操控金融局势。

置身于信息爆炸的时代，企业决策的科学性与技术策略的有效性变得至关重要。然而，在此过程中，绿色金融机制可能固化为一种模式，短期内难以灵活调整。鉴于此，绿色金融从业者必须具备持续学习与技术革新的意识，敢于突破传统思维的束缚，将创新精神注入金融交易机制中，推动其改革与发展。

因此，企业应当加大对绿色金融人才培养的投入，建立一套系统性的培训体系，覆盖从理论知识到实践技能的全方位教育，特别强调对最新金融工具和技术的理解与应用。同时，鼓励跨学科交流，融合经济学、环境科学与信息技术，培养复合型绿色金融专家，以适应不断变化的市场需求。

此外，企业还应构建开放的合作平台，与金融机构、科研机构及政府监管部门保持紧密联系，共享绿色金融领域的前沿资讯与最佳实践，共同探索绿色金融的未来方向，确保企业能在绿色经济浪潮中稳步前行，实现经济效益与生态效益的双赢。

（三）我国绿色金融发展的瓶颈期

我国在推进绿色金融的过程中遭遇了特定的障碍，这些问题在很大程度上源于国内信贷体制的标准化程度不足以及整体架构的不健全。更为关键的是，从国家层面看，金融机构缺乏明确的指导政策和成熟的风险评估框架，这直接制约了绿色金融的发展步伐。

在当前的经济环境中，商业银行需考量多重因素，包括中间业务的盈利状况、贷款对象的财务稳健性等。传统的贷款模式通常依赖于土地抵押，银行倾向于向资本实力强大的企业发放贷款，以此来减少违约风险并避免不良贷款的产生。这种做法虽然在短期内保证了银行的资产质量，但从长期来看，可能会错失那些具有良好成长潜力的绿色项目和企业，这些项目和企业往往需要更多的资金支持来推动环保技术和可持续发展的实施。

在实施绿色金融信贷时，银行可能会暂时面临优质客户流失的问题，尤其是那些尚未完全认识到绿色投资长远利益的企业。此外，在转向绿色信贷的初期，可能会出现中间业务收入的下滑，因为绿色项目的审批流程往往更为复杂，需要更详尽的环境和社会影响评估，这无疑增加了操作成本和时间周期。

因此，为了克服这些挑战，我国需要进一步完善绿色金融的制度设计，包括建立健全的信贷标准、强化金融机构的政策指引、引入更为科学的风险评估机制。同时，通过财政激励、税收优惠等措施鼓励银行和企业参与绿色金融活动，逐步建立起一个既促进经济增长又兼顾环境保护的金融生态系统。这不仅有助于推动绿色转型，还能为金融机构开辟新的增长点，最终实现金融与实体经济的和谐共生。

二、我国绿色金融发展存在的问题

为了确保我国经济的持续健康发展，同时彰显金融业在国家繁荣与社会安定中的重要作用，我国金融机构与环保部门应积极响应政府号召，携手构建绿色金融体系，这一体系将经济活力与环境保护紧密结合，旨在探索符合我国国情的绿色金融路径。

坚定不移地走绿色发展之路，追求经济的可持续增长，我们不仅要采取有力的环境监管措施，还要借助财税与金融政策的杠杆效应，优化资源配置。绿色金融作为一种市场导向的机制，对于推动环保和生态建设至关重要。它通过多样化金融服务，如信贷、股权投资、债券发行、保险等，有效地将社会资金引向绿色产业，涵盖环保、节能、可再生能源、绿色交通等领域，从而促进经济结构向绿色低碳转型。

借鉴国际经验，合理的制度设计能确保绿色金融体系发挥效用，吸引社会资本大规模流向绿色产业，同时减轻环境治理对公共财政的负担。在政府指导下，陕西省视绿色金融为推动经济升级的新引擎，通过精准的资金导向，加大对绿色产业和循环经济的投资力度，特别是支持节能环保、生态修复、清洁能源等领域的创新与发展，提高绿色经济在整体经济中的比重，进而加速经济结构调整，实现高质量发展。

绿色金融不仅是经济发展的催化剂，也是生态文明建设的重要支撑。通过制度创新和政策引导，我们可以实现经济效益与环境效益的双赢，为我国乃至全球的可持续发展做出贡献。

（一）绿色金融在我国的发展情况

中国农业银行在推进绿色金融方面迈出了坚实的步伐，其在总行设立了专门的投资银行部门，聚焦于绿色项目的发展。这一举措已促成与湖北、四川等省的多家企业建立合作关系，涉及的项目包括小型水电站、水泥生产过程中的余热回收利用以及钢铁行业高炉余热发电等，这些都是清洁发展和资源高效利用的典范。

与此同时，国内其他金融机构也逐渐涉足绿色金融领域，它们主要从间接收益角度考量，加之绿色项目信贷风险评估的复杂性，导致其在绿色金融产品和服务上的投资相对保守。然而，随着绿色金融意识的增强和相关风险管理技术的成熟，这一局面有望得到改善。

绿色国内生产总值（Gross Domestic Product，GDP）的概念为我们提供了衡量经济活动环境影响的新视角。其计算方式简洁明了：从传统的 GDP 总量中减去环境资源消耗成本及环境治理服务费用，即可得出绿色 GDP。理论上，一个地区或国家的 GDP 总量与绿色 GDP 之间的差值越小，说明其在绿色金融及可持续发展道路上的进展越显著，绿色经济模式的实施效果越佳。这种计算方法促使我们重新审视经济增长的质量，采取更多有利于环境保护和资源节约的经济政策与措施。

（二）我国绿色金融发展中存在的问题

1. 各地区绿色金融发展不平衡

北京、上海与广东作为我国经济发展的领头羊，始终致力于与全球先进理念接轨。在绿色金融领域，这些省市不仅在政策制定与执行上表现出色，还积极引导企业采纳环保治理策略，绿色金融的经济效益已初步显现。它们的成功实践，彰显了绿色金融在促进经济高质量增长方面的潜力。

相比之下，西藏、宁夏、青海等地，因追求快速经济增长，有时会忽略发展背后的环境代价，对绿色金融的战略价值认识不足。如果这些地区继续沿袭粗放型发展模式而不加以调整，未来将面临高昂的环境修复成本，这无疑是一种短视行为，经济效益与环境损失之间难以实现平衡。

从长远看来，各地对绿色金融的态度差异，直接导致了区域间的发展不平衡。那些尚未充分认识到绿色金融重要性的地区，亟须转变观念，加大在绿色项目上的投资，以期实现经济与环境的双赢。绿色金融不仅是推动地方经济转型的关键，也是确保可持续发展、避免未来环境治理巨额开支的有效途径。通过平衡经济增长与生态保护，所有地区都能从中受益，共同迈向更加绿色、健康的未来。

2. 绿色金融发展被动，政府、金融机构、企业形成制约关系

我国绿色金融体系的核心推动力源自政府层面，通过一系列政策与指导性文件，旨在引领商业银行、证券公司以及保险公司拓展绿色信贷、绿色债券和绿色保险等业务领域。在这一机制下，金融机构与实体企业及个人消费者形成紧密互动，但各方动机不尽相同：政府着眼于通过金融杠杆作用推进环保目标的实现；金融机构则追求利润最大化，试图通过绿色金融产品获取商业回报；而企业和消费者更多是响应国家号召，履行节能减排义务，兼顾经济效益与政策合规性。

然而，绿色金融的特性决定了其效益并非立竿见影，商业银行、证券公司和保险公司在短期内可能难以看到显著的财务收益，且在长期运营中还可能面临不确定性风险，这无疑降低了金融机构推广绿色产品的积极性。与此同时，企业和消费者在面对资金需求时，虽有意愿采用绿色金融方案，但往往受限于自身的财务状况，特别是在资金紧张时期。

为了解决上述矛盾，构建一个多方共赢的绿色金融生态至关重要。这要求政府进一步完善激励机制，如提供税收优惠、财政补贴或风险分担措施，以增强金融机构参与绿色金融业务的动力。同时，鼓励创新绿色金融产品和服务，满足不同企业和消费者的特定需求，提高绿色金融的市场吸引力。此外，加强教育和宣传，提升社会对绿色金融认知度，有助于公众培养绿色消费习惯，从而形成正向循环，促进绿色金融市场的健康发展。通过这些综合措施，可以有效协调政府、金融机构与实体经济之间的利益关系，共同推动我国绿色金融事业的持续进步。

3. 利润与环境保护之间的权衡

在传统意义上，商业银行的核心战略聚焦于盈利性和股东价值的最大化，追求利润增长被视为首要任务。相比之下，绿色金融虽然承载着重要的环境和社会责任，但由于其固有的公共物品特征，所能直接贡献的经济效益相对有限，尤其是在短期内。这就构成了一个核心矛盾：一方面，银行需要平衡短期财务表现与长期可持续发展目标；另一方面，绿色金融项目往往需要较长时间才能显现出经济效益，且可能伴随较高的风险和成本。

在这种情况下，商业银行在评估投资决策时，天然地倾向于那些能够迅速带来回报的项目，而绿色金融计划则可能因为预期收益较低或不确定性较高而被边缘化。这种倾向不仅限制了绿色金融产品的创新和推广，也间接阻碍了其作为推动环境保护和可持续发展重要工具的潜力发挥。

为解决这一困境，需要从多个维度入手，包括但不限于：政府制定更为有力的激励政策，如税收减免、补贴或绿色信贷额度，以降低绿色项目的融资成本；监管机构出台明确的绿色金融标准和指引，提升行业透明度和公信力；金融机构内部建立更加全面的风险评估体系，将环境和社会因素纳入考量，以更长远的视角评估项目价值；增强公众和投资者对绿色金融意义的认识，培育市场需求，形成良性循环，促使商业银行主动进行绿色转型，实现经济效益与环境效益的双赢。

4. 绿色金融制度不健全，标准不完善

当前，尽管企业环保审查与评估已逐步成为金融决策的一部分，但这一过程仍多停留于表面，未能深入触及实质性的环境风险管理。金融机构在评估企业项目时，往往依据各自设定的标准，而这些标准缺乏统一性，行业内尚未形成一套完整且标准化的环境风险评估体系。这导致了评估的主观性和不一致性，同时也反映了绿色金融领域内制度建设的不足，如缺乏具体的产业指导目录和环境风险评定指标，多数现有制度仅停留在原则性的框架上，缺乏具体的操作指南和有效的监管机制。

在这种背景下，一些高污染、高能耗、高排放的企业找到了可乘之机。它们可能利用制度上的模糊地带，在获取融资后，并未将资金用于环保升级或技术创新，反而继续扩张原有的高污染产能，违背了最初的环保承诺。这种行为不仅加重了环境负担，还频繁引发环境事故和违法事件，严重损害了生态安全和公众健康，也违背了绿色金融的初衷。

要解决这些问题，需要从加强立法和监管入手，建立统一的绿色金融标准和评价体系，确保环境风险评估的科学性和公正性。同时，应强化企业的环境责任意识，通过提高违规成本和增强透明度，促使企业自觉遵守环保法规，真正将绿色理念融入日常运营中，共同促进经济与环境的和谐共生。此外，金融机构应当完善自身的绿色信贷政策，加强贷前审查和贷后监督，确保资金流向真正有利于环境改善和可持续发展的项目。

5. 金融机构与环保机构的信息不对称

绿色金融作为环保与金融的交叉领域，其复杂性和专业性横跨两个行业，这使得金融机构与环保部门之间存在着显著的信息差异。一方面，金融从业者专注于财务数据与市场动态，而环保专家则聚焦于环境影响与生态平衡，这种专业领域的界限限制了双方对同一企业信息的全面理解和应用。环保信息的收集与解析往往需要深厚的环境科学背景，而这恰恰是大多数金融工作者所缺乏的。因此，金融机构在评估企业环境风险时可能会遭遇理解偏差，进而影响其决策质量。

另一方面，信息的不对称性还体现在时间维度上。环保部门通常在企业违反环保法规之后才发布处罚信息，这类事后披露难以满足金融机构对于事前风险预警的需求。金融机构需要的是前瞻性的信息，以便在潜在风险显现之前采取预防措施。如果环保部门的信息更新滞后，将削弱金融机构的风控能力，增加绿色信贷的不确定性。同时，金融机构掌握的客户信息若未能及时反馈至环保部门，也会妨碍后者实施有效的环境监管。

此外，资本市场中的信息不对称问题，加之道德风险和逆向选择的存在，使环境信息披露的现状进一步恶化。企业可能倾向于隐瞒不利的环境记录，而投资者和债权人由于信息获取受限，难以全面评估环境风险，这导致环境信息的公开程度和质量普遍偏低，无法充分反映企业的真实环保状况。在这种情况下，绿色金融产品和服务的有效性和吸引力受到挑战，同时也增加了整个金融系统的脆弱性。

为了克服这些障碍，建立一个高效的信息共享平台显得尤为关键，它需要整合来自金融和环保领域的数据，确保信息的实时性、准确性和透明度，同时促进跨行业的沟通与合作，以提升绿色金融的整体效能，推动可持续发展目标的实现。

6. 环保、金融复合型人才稀缺

我国的绿色金融体系尚处于起步阶段，面临的一大挑战便是专业人才的短缺。金融从业者普遍缺乏深入的环保知识与经验，这限制了他们将金融操作与环保政策有效融合的能力。目前，能熟练掌握并运用这两方面技能的人才凤毛麟角，这一技能缺口直接制约了金融机构在绿色金融项目评估、审批及后续监管等关键环节的精准度与效率。

从政策层面看，制定者在设计绿色金融相关政策时，往往缺乏足够的实践基础，这可能导致政策与市场需求脱节，难以有效引导和激励金融机构参与绿色金融活动。绿色金融复合型人才的匮乏不仅影响了现有绿色金融产品的创新与推广，也延缓了整个金融业向绿色转型的步伐，从而阻碍了我国绿色经济的快速发展。

要解决这一问题，亟须加强跨学科教育与培训，培养既懂金融又熟悉环保政策的专业人才，同时，政策制定者应当紧密联系行业实践，确保政策导向更加贴合市场实际需求。通过构建人才培育体系与优化政策框架，可以加速我国绿色金融体系的成熟，促进经济的可持续发展。

7. 环保机构与金融机构在合作体系不健全

绿色金融作为融合环境保护与金融运作的新兴领域，其成功实施依赖于跨部门的协同合作。在我国，涉及绿色金融的机构众多，包括中国人民银行、中国银行保险监督管理委员会、中国证券监督管理委员会以及各类金融机构如商业银行、保险公司和证券公司等。然而，这些机构间缺乏一个有效的协作平台，导致各自为政，权责界定模糊不清，这使得绿色金融的实际操作难以落地生根。

由于缺乏统一协调，不同机构可能会对同一事项进行多重监管，造成政策执行中的重叠与冲突，降低了政策的有效性。这种交叉管理和重复监督不仅增加了企业的合规成本，还可能挫伤金融机构参与绿色金融的积极性，从而阻碍绿色金融深化发展的步伐。

为了解决上述问题，建立一个集约化的合作机制显得尤为迫切。这需要各监管机构和金融机构共同参与，明确各自职责，避免政策执行中的重叠，降低企业负担，提高绿色金融政策的实施效率。通过搭建共享平台，促进信息交流与资源共享，可以更好地推动绿色金融项目的顺利开展，助力我国经济的绿色转型。

8. 我国绿色金融产品创新能力不足

我国绿色金融产品的现状揭示了其发展路径中的某些局限性和未来潜力。当前，很多绿色金融产品设计的初衷是响应国际环保标准和产业政策要求，或是遵守全球气候协议承诺，专门针对国内环保需求和挑战的金融创新相对匮乏。例如，绿色信贷的实施主要包括依据国家环保法规，切断不符合国家标准的企业融资渠道，抑制它们的非理性增长，同时支持植树造林、沙漠绿化等环境修复项目，但这类举措往往局限于特定区域，未能形成全国性的广泛影响。

在绿色证券方面，尽管建立了基于环保审查和企业环境信息披露的上市及再融资制度，但在实际操作中，这一机制尚未充分融入市场实践，投资者基于“绿色价值”做出的投资决策并未形成主流趋势。环境污染责任保险虽已推出，但在产品深度和多样性上，相较于国际水平仍显不足，表现为专业性欠缺、技术含量不高、品种单一等问题。

我国绿色金融市场尚处于成长初期，产品创新和市场拓展空间巨大。未来的发展应着重于深化绿色金融产品的本土化创新，提升其专业水准和技术含量，丰富产品线，同时加强绿色金融意识普及，促使绿色价值成为投融资决策的关键考量因素，以期实现绿色金融市场的成熟与繁荣。

9. 资本市场环境不够成熟，制约绿色金融发展

我国资本市场处于转轨时期，正在努力与国际市场接轨，存在的结构性矛盾和外部环境风险致使资本市场功能难以有效发挥，形成资本市场的弱有效性，绿色金融对市场环境的依赖程度较高，市场环境严重制约着绿色金融的发展。

第三节 绿色金融发展的对策建议与展望

一、我国绿色金融发展建议

通过对历史数据的分析，结合现阶段我国绿色金融发展中存在的问题，可以提出以下解决方案。

（一）合理引导各级政府加大对绿色金融的扶持力度

为了增强各级政府对绿色金融的关注与投入，中央层面有必要采取宏观调控措施，从政策引导和财政激励两个方面入手，构建全方位的支持体系。一方面，中央可制定优惠政策，如对参与绿色金融项目的企业实行税收减免，以此激发市场主体的积极性，推动绿色技术创新与研发。另一方面，还可以设立专项基金，按企业科研投入的比例给予财政补贴，特别对那些在绿色技术领域取得显著成效的单位，派遣专家团队进行深入考察与交流，提炼成功经验，促进技术扩散与共享。

地方政府在执行过程中，应当遵循产业差异化原则，考虑不同行业特性，量身定制绿色金融政策。鉴于各产业的环保需求与挑战各异，不宜一刀切地设定统一标准，而应出台有针对性的指导目录，明确各行业的绿色转型路径与目标。通过灵活的政策工具和精准的行业指导，地方政府可以更有效地促进绿色金融与本地经济结构的深度融合，加速实现可持续发展目标。

这样的策略不仅能够确保绿色金融政策的落地生根，还能激发地方政府与企业的创新活力，共同推进绿色经济的全面发展。在中央与地方的协同作用下，绿色金融将成为推动产业结构优化升级、实现高质量发展的关键力量。

（二）成立专门的绿色金融政策机构

借鉴德国生态银行的成功模式，我国可以设立专门的政策性金融机构，专注于绿色金融领域的投资与融资，类似于中国国家开发银行、中国进出口银行以及中国农业发展银行各自在其专业领域内所扮演的角色。这些机构能在商业银行等传统金融机构无法覆盖的领域，为那些具有长期回报潜力但初期资金需求大的环保项目提供支持。

德国的经验还强调了环保部门在绿色金融项目审核中的重要作用。在我国，可以建立一套类似的机制，即由环保部门的专业人员审查绿色金融项目，确保其符合环保标准和政策导向，同时监督国家补贴的合理使用。贷款贴息需经环保部门批准，并依据项目进度分期发放，这一做法能保证资金的有效利用和项目的顺利实施。

从德国生态银行的成功案例中，我们得到几点启示：

政策支持与金融杠杆：政府可以通过实施差额贴息政策来撬动绿色金融，既为企业减负，又激励金融机构积极参与，从而扩大绿色产品的市场。

独立运营与透明监管：政策性金融机构应保持自主运营，政府的作用仅限于监督与规范，确保其业务透明度高，盈亏责任明确，增强公众信任。

审批与问责机制：建立多级审批流程，绿色金融项目需经过金融机构与环保部门的双重审核，并向相关部门报备，确保每一步操作合规，同时建立起完善的问责制，防范腐败行为。

通过上述措施，我国可以有效推动绿色金融的发展，实现环境保护与经济增长的双赢局面。

（三）保证金融机构和环保机构的信息对称

为了促进金融机构与环保部门之间的有效协作，构建一个高效、透明的沟通网络至关重要。这不仅要求双方设立专门对接的部门，确保信息的快速流通和共享，还要求其利用各自的专业优势对复杂数据进行精准分析，同时简化信息呈现，使之易于理解和应用，从而提升决策质量和效率。双方可以选择将信息管理和分析的部分职责委托给第三方专业机构，在确保过程公正透明的同时，强化合作机制的责任落实。

一个综合性的金融环境信息数据库是实现上述目标的关键。该数据库应具备以下核心功能：

1. 信息采集与验证

通过多种渠道，如热线电话、在线平台留言等，收集与环保和金融相关的数据，经核实无误后纳入数据库，保证信息的真实性和时效性。

2. 多层级查询权限

设计灵活的访问权限体系，允许不同级别的用户（包括金融机构、环保机构和社会公众）根据自身需求，查阅相应范围内的信息，促进信息的公开与透明。

3. 信用评估与记录

集成信用评价模块，记录企业环保表现的评分、等级调整以及奖惩措施，作为金融机构信贷决策的重要参考。

4. 数据分析与报告

配备专业团队，对海量数据进行深度挖掘和分析，产出直观的图表和报告，帮助非专业人员快速理解关键信息，辅助决策。

5. 动态监测预警

设定环保合规的量化标准，自动比对数据库内的企业活动数据，实时监控潜在的违规行为，及时预警并采取行动。

通过建立这样一个全面的信息平台，不仅能有效解决信息不对称的问题，还能显著提升环保与金融领域的协同效率，减少行政成本，最终促进绿色经济的健康发展。

（四）建设高素质绿色金融专业队伍

我国的绿色金融业务处于起步阶段，迫切需要培养既懂环保法规政策又通金融事务的专业人才。为此，我们应采取以下策略：首先，从金融机构和环保部门中选拔业务经验丰富、学习能力强的部门经理，实施半年至一年的对调工作学习，让他们快速掌握对方领域的业务流程和相关法律法规，或公派他们到国外学习绿色金融知识，以迅速提升专业技能。其次，从高校吸纳综合素质强的毕业生，让他们在绿色金融部门进行两到三年的实践学习，通过业务实践锻炼掌握核心要点，为绿色金融领域培养坚实的人才基础。同时，积极聘请国外经验丰富的工作人员前来指导和培训，加强国际合作，结合我国国情设计发展方案，从而在最短时间内弥补我国绿色金融专业人才的缺口。

（五）加大资本市场对绿色金融的支持力度

绿色金融的实施不仅局限于金融和环保领域，而是横跨多个行业，对资金的需求巨大。在当前商业银行和政府补贴可能无法完全满足这一需求的情况下，利用资本市场进行融资显得尤为重要。随着我国资本市场的转型与发展，为了使绿色金融能够更有效地利用资本市场，扩大其融资能力，我们需要迅速实现国内资本市场与国际市场的对接，并完善资本市场的功能，拓宽绿色金融的融资渠道。

具体措施：推出以绿色金融为主题的概念板块，为该板块内的股票提供优惠政策，如减免印花税和交易手续费，以降低投资者的交易成本，吸引更多的资本投入绿色金融领域。这些措施将有助于促进绿色金融项目的实施，推动经济的可持续发展。

（六）企业制度改革

为解决企业在环境污染与盈利目标之间的矛盾，我们可以通过环保机构或政府机构购买企业股权或提供融资，以获得在生产决策中的话语权，从而对企业的生产活动施加约束。这样的股权结构优化不仅能够分散决策权，避免过度集中，还能为企业带来稳定的资金，同时确保原控股者不会失去对企业的控制权。

此外，企业需要转变经营理念，认识到绿色生产模式在长期内能够增加利润。在未来政策变化时，采用绿色生产模式的企业面临的强制治污改造风险较小，履行环保职责不仅能为社会带来更大的福利，还能提升企业的竞争力和美誉度。通过这些措施，企业可以在追求经济效益的同时，实现环境保护与可持续发展的目标。

二、我国绿色金融创新与发展策略

（一）发展绿色金融的意义

我国在互联网金融与绿色金融领域迅猛崛起，彰显了在全球金融科技版图中的领导地位。随着数字化技术的深度融合，互联网金融不仅革新了传统金融服务模式，更在倡导绿色发展理念的背景下，开辟了一条可持续发展的新路径。绿色金融，这一融合了金融与生态智慧的概念，正逐步成为推动我国实现经济结构转型与环境保护双重目标的关键力量。

绿色金融的核心在于将环境考量融入金融决策，通过资本市场的力量引导企业和社会向更加环保和高效的方向发展。它旨在利用金融工具和创新机制，如绿色债券、碳交易、绿色信贷等，促进资源的有效利用，减少污染排放，同时保障金融体系的健康稳定，实现经济效益与生态效益的双赢。

构建中国特色的绿色金融体系，不仅要借鉴国际先进经验，更要立足本土实际，设计出一套涵盖市场、金融、财政与税收等多维度的综合机制，确保环境资源得到最优配置。这要求我们在吸收全球绿色金融发展精华的同时，不断创新，探索适合我国国情的绿色金融发展模式。

绿色经济的蓬勃发展离不开金融行业的强力支撑。作为资源配置的枢纽，金融业通过信贷、投资等手段，对各行各业产生深远影响。为了有效促进绿色经济，金融业需深化服务创新，开发更多绿色金融产品和服务，如绿色基金、绿色保险等，以满足不同领域的绿色转型需求。这不仅是对经济社会可持续发展目标的积极响应，也是金融业自身转型升级、追求长期价值的必然选择。

我国金融业深化改革取得了显著成效，有力支撑了实体经济的稳定增长。未来，金融业将继续发挥其在资源配置中的决定性作用，助力绿色经济腾飞，书写经济高质量发展的新篇章。

（二）发展绿色金融策略

1. 加强宣传与舆论引导力度

在推动我国绿色金融发展的过程中，必须加强宣传，进行正确舆论引导。这包括加大对环境问题的宣传力度，以培养社会公众的绿色消费理念，进而营造一个全社会理解并支持绿色经济的环境。同时，要充分发挥网络、电视、报纸等媒体的监督功能，将金融机构对绿色经济的支持与其社会形象紧密联系起来。通过这种方式，可以激励金融机构积极遵循绿色金融原则，进而形成全社会共同关注和支持绿色金融发展的积极氛围。这不仅有助于提升公众对绿色金融重要性的认识，还能使金融机构在实践中更加注重环境保护和可持续发展。

2. 发挥市场机制的作用

绿色金融创新是支持绿色经济发展的关键切入点。我们应从理念、制度机制、产品和方式、绿色金融规则和标准制定等多个方面进行创新。首先，建立现代企业制度，加强生产经营管理，确保企业能够在绿色发展中发挥核心作用。其次，充分发挥市场机制的作用，通过价格的波动来吸引市场主体参与绿色金融交易。市场机制能够促进可持续发展，因此，在发展绿色金融时，必须坚持市场化的思路。

这意味着，绿色金融的机制设定需要具有足够的吸引力，能够激励企业、金融机构主动参与绿色金融交易。通过这种方式，可以调动各方主体的积极性，促使他们采取切实可行的措施，共同推动绿色金融的发展。这种市场化的策略不仅有助于提高绿色金融的效率，还能确保绿色金融的长期可持续发展。

3. 政府的大力支持是推动绿色金融发展的保障

观察西方发达国家的经验，不难发现政府在绿色金融体系构建中的关键作用。强有力的政策扶持与战略引导，无疑为绿色金融的成长注入了强劲动力，使其成为全球金融创新的前沿阵地。绿色金融，作为金融行业响应可持续发展目标的体现，正逐渐成为继互联网科技浪潮之后，驱动全球经济与金融市场的新引擎。

各国政府深刻认识到，绿色金融不仅是应对气候变化、保护生态环境的必要举措，更是推动经济结构优化升级、激发经济增长潜力的重要途径。因此，英国、日本等国纷纷出台了一系列激励措施，包括但不限于出台税收优惠、补贴政策，设立绿色项目专项基金以及制定清晰的绿色金融标准和框架，这些措施共同构成了推动绿色金融发展的“加速器”。

英国作为全球绿色金融的先驱者之一，通过设立绿色投资基金、完善绿色信贷政策、鼓励绿色债券发行等手段，成功营造了一个有利于绿色金融创新与实践的生态系统。而日本则通过推广环境友好型技术、强化绿色金融教育、提升公众意识，以及构建绿色供应链金融，实现了绿色金融与实体经济的深度融合。

这些国家的成功案例表明，政府的角色至关重要。通过制定前瞻性的政策、提供充足的资金支持、构建完善的监管框架，可以有效激发市场活力，引导社会资本向绿色产业倾斜，从而加速绿色金融的普及与深化。未来，随着更多国家加入绿色金融的行列，我们有理由期待一个更加绿色、可持续的全球金融格局的形成。

三、我国绿色金融发展态势

近两百年来，现代工业体系以惊人的生产力为人类社会带来了前所未有的物质繁荣。然而，随着物质文明的飞速发展，我们也不得不面对现代工业无序膨胀对生态环境造成的严重破坏。保护我们共同的家园，已经成为全人类共同承担的历史责任。作为全球资源配置的关键力量，现代金融服务业在环境保护中扮演着越来越重要的角色。近年来，环境伦理已成为西方金融机构投资决策时的重要考量因素，它们不仅积极关注环境问题，还设立了可持续发展部门，并向公众披露可持续发展报告。

我国作为一个迅速崛起的大国，在经济快速发展的同时，也面临着日益严峻的环境污染和能源消耗问题。尽管我国政府一直在积极引导和推动环境治理工作，但传统的以 GDP 增长为导向的发展模式以及地方政府的政绩考核体系，使得环境治理工作面临诸多挑战。为了实现可持续发展，我国需要在经济发展与环境保护之间找到平衡点，推动绿色金融和可持续投资，以促进经济、社会和环境的和谐共生。

（一）低碳经济悄然来临

在全球气候变暖的大背景下，“低碳经济”和“低碳技术”已经成为各国关注的焦点，并逐渐形成全球共识。在环境问题尤为突出的欧洲，发展低碳经济被视为解决气候和环境问题的根本途径。

随着碳市场的成熟，金融机构开始积极参与其中，创造出了“碳金融”这一新的金融模式。在中国，“碳金融”主要是指依托清洁发展机制（Clean Development Mechanism，CDM）的金融活动。核证减排量（Certified Emission Reduction，CER）是指联合国执行理事会向实施 CDM 项目的企业颁发的，经过指定经营实体（Designated Operational Entity，DOE）核查证实的温室气体减排量。只有获得联合国颁发的 CER 证书，这些减排指标才能在国际碳市场上进行交易。

碳交易的繁荣表明，环境问题，尤其是气候变化问题，不仅仅是遵守环保法规或承担环保成本的问题。对于那些能够迅速应对气候变化、水资源短缺、空气污染等问题的企业来说，节能环保领域蕴藏着巨大的商机。

低碳经济已成为不可逆转的趋势。我国发展低碳经济，不仅符合国家的宏观发展战略，而且能够有效地实践科学发展观，缓解能源紧张和环境污染问题。虽然受经济发展水平的限制，我国企业从认识到接受低碳经济，再到自发地推动其发展，必然要经历一个过程。但一些具有前瞻性的金融机构已经敏锐地捕捉到了这一趋势，开始积极探索低碳经济带来的新机遇。

总之，低碳经济的发展不仅是全球应对气候变化的必然选择，也是我国实现可持续发展的重要途径。金融机构在这一过程中扮演着重要角色，通过碳金融等创新模式，为低碳经济的发展提供资金支持和市场动力。随着碳市场的不断完善和碳交易的活跃，低碳经济有望在全球范围内得到更广泛的推广和应用。

（二）绿色创新中的义利之辩

在全球化背景下，不同国家和地区基于其独特的经济与社会发展阶段，对环境保护的策略和责任展现出了多样化的侧重。在此背景下，“寓义于利”成为银行业务模式的革新理念，倡导将社会责任融入银行日常运营之中，旨在探索一条既促进企业成长又惠及社会的可持续发展路径。

这一理念强调，银行不应仅局限于传统意义上的利润追求，而应在提供金融服务的同时，积极为社会进步与环境保护做贡献。通过精心设计的金融产品和服务，银行不仅能够满足客户的多元化需求，还能引导资金流向绿色、低碳的领域，助力经济社会的可持续发展。这种融合社会责任与商业利益的模式，为企业开辟了崭新的市场空间，增强了长期竞争力，实现了企业与社会的和谐共生。

随着经济发展，银行的公司治理与社会责任理念亦随之演变，从单纯追求市场份额转向更为综合的责任竞争。企业若能践行“寓义于利”理念，则能充分发挥其专业与资源优势，更好地服务于社会需求，同时构建起独特的企业形象与品牌价值，赢得市场信任与尊重。在这一过程中，企业与社会共享价值的创造，不仅彰显了企业社会责任的核心要义，也为企业的持续繁荣奠定了坚实基础。

面对我国绿色金融的蓬勃发展趋势，兴业银行的绿色创新实践尤为引人注目。其在绿色金融领域的深耕细作，不仅揭示了金融创新与绿色发展的内在联系，还展现了在危急时刻，那些曾被视为非盈利性或低回报的绿色项目，反而可能成为稳定收益的来源。这无疑为整个银行业的盈利模式转型提供了重要启示，即绿色金融不仅是社会责任的体现，也是未来银行盈利增长的关键驱动力。

总之，银行的绿色金融探索，不仅丰富了其社会责任内涵，也为行业树立了典范，证明了在兼顾经济效益与环境效益的道路上，企业完全有能力实现自我超越，引领行业走向更加绿色、健康的发展轨道。

（三）“赤道原则”能否撬动绿色杠杆

我国环保领域应积极借鉴国际上成熟的环保信贷准则，如“赤道原则”及其环境、健康和安全指南，结合国情制定绿色信贷指导目录和污染行业信贷指南。这不仅有助于引导银行投资于环境友好型产业和项目，同时限制了对那些可能破坏生态环境的项目的信贷支持。此外，还需研究企业的环境违法和环境风险等级，为银行的信贷评审提供更有力的支持。

绿色信贷与“赤道原则”所倡导的节能减排和环境保护理念是一致的，绿色信贷是我国环保政策与金融政策相结合的起点，而“赤道原则”则是在绿色信贷基础上的进一步深化和完善。“赤道原则”的重要意义在于，它首次将项目融资中模糊的环境和社会标准明确化、具体化，为银行评估和管理环境与社会风险提供了操作指南。

由于产业结构的限制，未来绿色信贷的普及将导致我国产业结构的显著变化。“两高一资”行业项目将受到明显遏制，不再是信贷项目的主要部分，而中性项目，即那些对生态和人居环境有一定影响但可控的项目，可能会占据主导地位。尽管“赤道原则”要求严格，在当前中国经济发展水平和产业结构特征下，可能一时难以成为主流，但它无疑预示着未来的发展方向。

“赤道原则”在国内的普及需要制度体系和外部环境的进一步完善。制度建设是关键，同时需要政府的支持，因为大量的节能减排项目需要政府的财政支持。从这个意义上说，推动“赤道原则”和绿色金融不仅是银行的责任，也需要政府加强支持力度。在市场上，需要有满足各方需求、有利于推动“赤道原则”和绿色金融的产品，这需要银行持续探索。

国内银行业在采纳“赤道原则”的过程中可能会遇到许多困难，这是新生事物发展过程中的正常现象。随着制度环境和外部机制的逐步完善，这些问题最终将得到解决。

参考文献

[1] 蒋远胜，吴平. 金融创新、绿色发展与共同富裕［M］. 成都：西南财经大学出版社，2023.
[2] 曾圣钧. 新时代银行金融服务创新［M］. 北京：中国经济出版社，2023.
[3] 刘倩，王遥，任玉洁. 中国地方绿色金融发展报告 2022［M］. 北京：社会科学文献出版社，2023.
[4] 郭江山. 清华汇智文库：绿色金融支持企业创新研究［M］. 北京：清华大学出版社，2023.
[5] 陈雳. 断鳌立极：数字科技与绿色金融［M］. 广州：广东人民出版社，2023.
[6] 陈迎. "双碳"目标与绿色低碳发展十四讲［M］. 北京：人民日报出版社，2023.
[7] 邱亿通. 绿色金融创新发展的广州实践［M］. 北京：中国金融出版社，2022.
[8] 鲁政委，钱立华，方琦. 碳中和与绿色金融创新［M］. 北京：中信出版社，2022.
[9] 赵景峰. 对外贸易对中国绿色发展的影响研究［M］. 北京：中国经济出版社，2022.
[10] 杨志远. 协同发展视域下赤水河流域高质量发展研究［M］. 成都：四川大学出版社，2022.
[11] 赵朝霞，陈红英，熊萍. 高质量发展背景下绿色金融发展研究［M］. 成都：西南财经大学出版社，2022.
[12] 彭文斌，李勇辉，等. 绿色可持续发展［M］. 北京：经济管理出版社，2022.
[13] 彭文斌，曾世宏，等. 绿色创新与高质量发展［M］. 北京：经济管理出版社，2022.
[14] 庄德栋. 绿色金融发展及广州对策［M］. 北京：中国社会科学出版社，2022.
[15] 吕岩威. 中国区域绿色创新效率研究［M］. 北京：经济科学出版社，2022.
[16] 黎明. 浙江篇：争做生态文明模范生［M］. 武汉：长江出版社，2022.
[17] 杨胜刚，杨申燕. 新时代中国特色社会主义金融发展论［M］. 北京：高等教育出版社，2022.
[18] 邵旭方，刘粮，王琳璘. 电网企业绿色金融实践及创新发展研究［M］. 北京：中国电力出版社，2021.
[19] 王广宇. 零碳金融：碳中和的发展转型［M］. 北京：中译出版社，2021.
[20] 贾晓薇. 绿色金融发展与经济可持续增长［M］. 北京：社会科学文献出版社，2021.
[21] 王遥，刘倩，黎峥. 中国地方绿色金融发展报告 2021［M］. 北京：社会科学文献出版社，2021.
[22] 蓝虹. 促进生态文明建设的绿色金融制度体系研究［M］. 北京：中国金融出版社，2021.
[23] 陈云. 中国绿色金融改革创新试验研究［M］. 北京：中国财政经济出版社，2021.
[24] 李楠博，季宇，毛伟华. 企业绿色技术创新及驱动要素研究［M］. 北京：中国社会科学出版社，2021.
[25] 宋敏，唐方方，张生. 绿色金融［M］. 武汉：武汉大学出版社，2020.
[26] 王小翠. 供给侧改革视角下的绿色金融模式研究［M］. 徐州：中国矿业大学出版社，2020.
[27] 束兰根. 绿色金融解释［M］. 南京：南京大学出版社，2020.
[28] 马骏，安国俊，等. 构建支持绿色技术创新的金融服务体系［M］. 北京：中国金融出版社，

2020.

［29］黄晶．绿色创新经济：理论与方法［M］．北京：社会科学文献出版社，2020.

［30］张宇，钱水土．绿色金融驱动产业结构优化的机制与政策研究：基于环境技术进步偏向的视角［M］．厦门：厦门大学出版社，2020.

［31］高晓燕．构建中国绿色金融体系：发展与实务［M］．北京：经济科学出版社，2020.

［32］冯丹萌，张琦．绿色减贫的理论与实践［M］．北京：经济日报出版社，2020.

［33］冯婧，张雪花．我国绿色产业的发展与实证［M］．北京：中国环境出版集团，2020.

［34］乔宇锋．金融科技创新与演进［M］．北京：经济管理出版社，2020.